GRAMMAIRE ET MÉTHODE
AU XVIIe SIÈCLE

GRAMMAIRE ET MÉTHODE AU XVIIᵉ SIÈCLE

sous la direction
de

Pierre SWIGGERS

avec la collaboration de :
Michel Le Guern, Odile Le Guern-Forel,
Frans-Jozef Mertens et Jean Stéfanini

PEETERS

LEUVEN

1984

ISBN 90-6831-021-6

D. 1984/0602/24

TABLE DES MATIÈRES

AVANT-PROPOS

Les contributions que contient ce recueil sont toutes consacrées à la grammaire française du XVIIe siècle. Plus négligée que l'histoire de la grammaire française au XVIIIe siècle [1], la tradition grammaticale française du XVIIe constitue un domaine de recherche extrêmement riche et vaste. C'est au XVIIe siècle que, ensemble avec la fixation de la langue — revêtant sa forme classique —, la pratique grammaticale prend des formes nettement articulées. En effet, à côté des recherches étymologiques — qu'on pense aux *Origines de la langue françoise* (1650) de Gilles Ménage (1613-1692) [2] —, les études grammaticales, au XVIIe siècle, se développent, en favorisant certaines canalisations de l'intérêt linguistique. Ces canalisations [3] correspondent à certains types de publications : grammaires descriptives, ouvrages théoriques, grammaires contrastives, projets de réforme orthographique, manuels de rhétorique et méthodes pour apprendre les langues classiques.

Au cours du XVIIe siècle, ces types vont converger au niveau méthodologique, comme le montrent plusieurs indices. En premier lieu, il y a l'*exigence de méthode*, explicite et dûment appuyée : dans l'acquisition des connaissances, l'esprit procède le plus efficacement grâce à la méthode. Deux choses sont à remarquer ici : (1) l'acquisition et l'usage d'une ou de plusieurs langues sont considérés avant tout comme des opérations «spirituelles» : la matérialité du langage et le comportement

---

[1] Pour un aperçu des études consacrées à la grammaire française du XVIIIe siècle, nous nous permettons de renvoyer le lecteur à nos articles «La grammaire dans l'Encyclopédie : État actuel des études», *Beiträge zur romanischen Philologie* 20, 1981, p. 175-193 et «Studies on the French XVIIIth Century Grammatical Tradition», *Studies on Voltaire and the Eighteenth Century* 219, 1983, p. 273-280.

[2] Sur la «méthode étymologique» de Ménage, voir les travaux de : F. Bar, «La méthode étymologique de Ménage», *Cahiers de l'Association internationale des études françaises* 11, 1959, p. 265-272; H. Meier, «Zur Geschichte der romanischen Philologie», *Archiv für das Studium der neueren Sprachen* 201, 1964, p. 81-109; I. Popelar, «Die Etymologien Ménages im Lichte der modernen Wortforschung», *Beiträge zur romanischen Philologie* 6, 1967, p. 347-357. Sur l'œuvre de Ménage, voir E. Samfiresco, *Ménage, polémiste, philologue, poète*, Paris, L'Émancipatrice, 1902, et D. Droixhe, *La linguistique et l'appel de l'histoire (1600-1800)*, Genève, Droz, 1978, p. 101-106.

[3] Pour une première typologie de la production grammaticale française aux XVIIe et XVIIIe siècles, voir notre article «Position idéologique et scientifique de la grammaire française aux XVIIe et XVIIIe siècles», *Trames*, numéro spécial : *Histoire de la langue : Méthodes et documents*, Limoges, 1984, p. 33-41.

du locuteur (énonciateur) ne font pas l'objet d'une analyse raisonnée et méthodique, même si certains grammairiens se rendent compte de la nécessité d'adapter méthodiquement l'écriture à la prononciation et même si les manuels de rhétorique soulignent l'importance des gestes et de la mimique accompagnant l'énonciation; (2) tous les auteurs croient à l'unité de la méthode, même si leur pratique reflète une diversité d'approches, allant de la simple énumération à l'établissement d'un système d'axiomes et de thèses dérivées.

En deuxième lieu, il y a l'articulation de plus en plus unifiée des *domaines* de la grammaire (phonétique et orthographe, morphologie et syntaxe), et à l'intérieur de ceux-ci un classement visant à combiner les formes et les sens. Troisièmement, la convergence méthodologique est apparente dans le *souci des règles ou principes*, qui concrétise l'exigence de méthode. Les grammairiens, rhéteurs et pédagogues ne se contentent pas de raffiner la structure de leur exposé, de systématiser les cadres traditionnels: ils veulent avant tout comprendre et faire comprendre cette structure, et montrer comment les faits langagiers y trouvent leur place. On s'interroge sur les «*accidentia*» caractérisant les parties du discours, sur la fonction de celles-ci dans la proposition, et sur les raisons de certains phénomènes syntaxiques (*concordance*; *détermination*).

Mais à la différence de Leibniz et de Wilkins, les grammairiens français ne s'intéressent pas tellement à construire une langue philosophique: pour eux, il y va de saisir, par la méthode, la structure des langues et cela relativement à leur objectif principal, très varié: faciliter l'apprentissage du français, avancer la réflexion sur les catégories grammaticales du français et de quelques autres langues, ou préparer à l'éloquence parfaite.

Les contributions dans ce volume sont un effort pour décrire la pénétration de la méthode dans ces différentes branches de l'*art de parler*.

P. Swiggers
Fonds national belge de la recherche scientifique

Pierre SWIGGERS
(F.N.R.S. belge)

LA MÉTHODE DANS LA GRAMMAIRE FRANÇAISE DU DIX-SEPTIÈME SIÈCLE

Introduction

1. La grammaire française du dix-septième siècle — si l'on excepte la *Grammaire générale et raisonnée* de Port-Royal — n'a guère retenu l'attention des historiens de la linguistique [1]. Et pourtant, le XVIIe siècle a vu la parution de plus de deux cents grammaires ou manuels du français [2], parmi lesquels il y a des ouvrages de haute valeur, qui ont

[1] Pour une bibliographie des histoires de la linguistique, voir E. F. K. Koerner, *Western Histories of Linguistic Thought. An annotated chronological bibliography 1822-1976*, Amsterdam, J. Benjamins, 1978 (pour des additions, voir P. Swiggers, «Western Histories of Linguistic Thought: Additional Bibliography», *Language Problems and Language Planning* 5, 1981, 279-290). Pour le traitement du XVIIe siècle dans les principales histoires de la linguistique, voir V. Thomsen, *Sprogvidenskabens historie: En kortfattet fremstilling*, København, G. E. C. Gad, 1902 (trad. allemande par H. Pollak, *Geschichte der Sprachwissenschaft bis zum Ausgang des 19. Jahrhunderts: Kurzgefasste Darstellung der Hauptpunkte*, Halle, M. Niemeyer, 1927; réimpr. Bern-Frankfurt am Main, P. Lang, 1979, p. 35-38); H. Pedersen, *Et blik på sprogvidenskabens historie med saerligt hensyn til det historiske studium av sprogets lyd*, København, J. H. Schultz, 1916 (réimpr. dans H. Pedersen, *Videnskaben om sproget. Historisk sprogvidenskab i det 19. århundrede*, Arkona, Århus, 1978), p. 36-37; H. Arens, *Sprachwissenschaft. Der Gang ihrer Entwicklung von der Antike bis zur Gegenwart*, Freiburg-München, Alber, 1969² (1955¹), p. 80-106; M. Leroy, *Les grands courants de la linguistique moderne*, Bruxelles, Éditions de l'Université, 1963 (1971²; huitième tirage, p. 11-13); C. Tagliavini, *Panorama di storia della linguistica*, Bologna, R. Pàtron, 1963 (1970³), p. 35-50 (*passim*); G. Mounin, *Histoire de la linguistique. Des origines au XXe siècle*, Paris, P.U.F., 1967 (1974³), p. 128-145; R. H. Robins, *A Short History of Linguistics*, London, Longman, 1967 (1979², p. 111-128; trad. française *Brève histoire de la linguistique, de Platon à Chomsky*, Paris, Le Seuil, 1976, p. 117-137); F. M. Beresin, *Geschichte der sprachwissenschaftlichen Theorien* (trad. par H. Zikmund), Leipzig, VEB Bibliographisches Institut, 1980, p. 25-29; T. A. Amirova - B. A. Ol'chovikov - J. V. Roždestvenskij, *Abriss der Geschichte der Linguistik* (trad. par B. Meier), Leipzig, VEB Bibliographisches Institut, 1980, p. 164-224 (*passim*; sur l'édition originale, en russe, voir J. Boyadjiev dans *Historiographia Linguistica* 2, 1975, 579-585).

[2] Voir les bibliographies de E. Stengel, *Chronologisches Verzeichnis französischer Grammatiken vom Ende des 14. bis zum Ausgange des 18. Jahrhunderts, nebst Angabe der bisher ermittelten Fundorte derselben*, Oppeln, E. Franck, 1890, p. 30-69 (voir aussi la réimpression anastatique, suivie par des additions de H. J. Niederehe, Amsterdam, J. Benjamins, 1976, p. 184-212), de J. Mertens, *Contribution à l'étude de la terminologie grammaticale française. La nomenclature du verbe chez les grammairiens français du XVIIe*

laissé leur empreinte sur l'activité grammaticale et linguistique des siècles suivants. Née d'une pratique établie — l'enseignement du français en Angleterre[3] —, la grammaire française subira une longue et patiente évolution menant à la théorisation linguistique, caractéristique du XVIIIe siècle[4]. Dans cette évolution, le XVIIe siècle apparaît comme une étape cruciale: c'est au cours de ce siècle que l'art de bien parler et de bien écrire est organisé comme une discipline basée sur des principes cognitifs. Les premières traces de ce travail d'organisation sont visibles dans un traité grammatical paru au début du XVIIe siècle: la *Grammaire et syntaxe françoise* de Charles Maupas (1607). Cette grammaire — qui connaîtra plusieurs rééditions incorporant des révisions — fait déjà preuve d'un esprit méthodique, visant à l'exposition claire, par exemple dans le traitement de l'article (distingué de la préposition) et dans la description du verbe.

La *Grammaire et syntaxe françoise* exercera une influence profonde sur la postérité. En 1632, Antoine Oudin publie une *Grammaire françoise* qu'il présente comme une révision de la grammaire de Maupas, «rapportée au langage du temps». De même que chez Maupas, le désir de systématisation pousse le grammairien à réfléchir sur la disposition des matières (voir par exemple la division des pronoms en *conjonctifs* et *absolus*), mais il subsiste un résidu, qu'on se résigne à présenter dans des listes énumératives.

En fait, si Maupas et Oudin se complètent sur plusieurs points, c'est parce que leurs grammaires manquent d'une base théorique suffisamment solide:

---

siècle, Leuven (thèse de doctorat), 1968, volumes 3 et 4), et de M.-E. Slatkine, *Grammairiens et théoriciens français de la Renaissance à la fin de l'époque classique, 1521-1715*, Genève, Slatkine, 1971, p. 80-149.

[3] Qu'on pense aux ouvrages de John Palsgrave (*Lesclarcissement de la langue francoyse compose par maistre Jehan Palsgrave, angloys natyf de Londres et gradue de Paris*, London, 1530; réimpr. anast. Genève, Slatkine), de Petrus Valensis (*Introductions in Frensche for Henry the Yonge, erle of Lyncoln, sonne of the most noble and excellent princesse Mary*, vers 1530), de Giles du Wes (*An introductorie for to lerne, to rede, to pronounce and to speke French trewly, compyled for the right high, excellent and most vertuous lady The lady Mary of Englande, daughter to our most gracious soverayn Lorde Kyng Henry the Eight*, London, 1532; réimpr. anast. Genève, Slatkine), de Gabriel Meurier (*La grammaire françoise. Traicté pour apprendre à parler françois et anglois*, Rouen, E. Colas, 1553) et de Claude de Sain Liens, ou Holyband (*The French Littleton, a most easie, perfect and absolute way to learne the French tongue*, London, 1566; réimpr. anast. Genève, Slatkine).

[4] Cf. P. Swiggers, *Les conceptions linguistiques de l'Encyclopédie. Étude sur la constitution d'une théorie de la grammaire au siècle des Lumières*, Leuven (thèse de doctorat), 1981, et M. Arrivé - J.-C. Chevalier, *La grammaire. Lectures*, Paris, Klincksieck, 1970, p. 61-120.

En vérité, ni Maupas ni Oudin ne sont des penseurs; ils commencent à ouvrir un siècle où le culte du bon sens, l'horreur du pédantisme sont des prétextes commodes pour se dispenser de la théorie ou, plus simplement, de la formalisation: on se contente de présenter des exposés, apparemment clairs et d'augmenter les inventaires, les ressources de l'usage, en utilisant les possibilités de la méthode formelle; on ne va pas plus loin. C'est en ce sens qu'Oudin, qui prétend suivre de près Maupas, est d'une curieuse incompréhension pour des intuitions importantes de son prédécesseur. Nous pensons surtout au clivage si heureux que l'édition de Maupas de 1625 apporte entre les articles et les prépositions; Oudin le laisse de côté. Mais inversement Oudin, sur d'autres points, apporte des simplifications pertinentes, comme lorsqu'il distingue les régimes des verbes ou étudie avec beaucoup de justesse des tours impersonnels et des phrases segmentées. Nous renverrions volontiers Maupas et Oudin dos à dos: l'un et l'autre sont incapables de théorie, mais l'un et l'autre apportent des éléments d'analyse extrêmement précieux. Qu'Oudin méconnaisse les apports de Maupas, qu'il n'en voie pas l'importance nous semble une condamnation non d'Oudin personnellement, mais de ces grammairiens qui n'ont pas de vues d'ensemble: une fois reconnue l'impossibilité, dès le moment où l'on possédait un inventaire important, d'en loger les éléments dans les cadres de la grammaire latine, on est capable de conduire des analyses de détail, non de proposer un plan neuf. Le savant moderne plongé dans l'œuvre de ces grammairiens attend donc avec impatience de voir confronter ces fragments d'analyses à des philosophes, à des logiciens qui depuis Ramus n'ont guère affronté la grammaire française [5].

Cette confrontation sera rendue possible par l'apparition d'une *notion* applicable à tous les domaines du savoir: celle de *méthode*. C'est en 1637 que René Descartes (1596-1650), après avoir renoncé, par désir de ne pas se brouiller avec l'Église, à la publication d'un *Traité du monde et de la Lumière*, publie trois traités (*La Dioptrique, Les Météores, La Géométrie*), précédés d'un *Discours de la Méthode pour bien conduire sa raison et chercher la vérité à travers les sciences*. L'auteur y souligne, à plusieurs reprises, l'importance cognitive de la méthode:

Mais, comme un homme qui marche seul et dans les ténèbres, je me résolus d'aller si lentement et d'user de tant de circonspection en toutes choses, que si je n'avançais que fort peu, je me garderais bien au moins de tomber. Même je ne voulus point commencer à rejeter tout à fait aucune des opinions qui s'étaient pu glisser autrefois en ma créance sans y avoir été introduites par la raison, que je n'eusse auparavant employé assez de temps à faire le projet de l'ouvrage que j'entreprenais, et à chercher la vraie méthode pour parvenir à la connaissance de toutes les choses dont mon esprit serait capable [6].

[5] J.-C. Chevalier, *Histoire de la syntaxe. Naissance de la notion de complément dans la grammaire française (1530-1750)*, Genève, Droz, 1968, p. 477.

[6] René Descartes, *Œuvres et Lettres*. Textes présentés par André Bridoux, Paris, Gallimard, 1953, *Discours de la méthode*, deuxième partie, p. 136.

C'est dans le *Discours* que Descartes formule quatre «préceptes», qui rappellent ses «Règles pour la direction de l'Esprit» [7] :

Il est pourtant bien préférable de ne jamais chercher la vérité sur aucune chose, plutôt que de le faire sans méthode (...) Or, par méthode j'entends des règles certaines et faciles, grâce auxquelles tous ceux qui les observent exactement ne supposeront jamais vrai ce qui est faux, et parviendront, sans se fatiguer en efforts inutiles mais en accroissant progressivement leur science, à la connaissance vraie de tout ce qu'ils peuvent atteindre (...) Toute la méthode consiste dans l'ordre et la disposition des choses vers lesquelles il faut tourner le regard de l'esprit, pour découvrir quelque vérité [8].

Les principes énoncés dans le *Discours de la Méthode* sont simples et faciles, mais ils exigent une application rigoureuse et constante :

Le premier était de ne recevoir jamais aucune chose pour vraie que je ne la connusse évidemment être telle; c'est-à-dire d'éviter soigneusement la précipitation et la prévention; et de ne comprendre rien de plus en mes jugements que ce qui se présenterait si clairement et si distinctement à mon esprit que je n'eusse aucune occasion de le mettre en doute.

Le second, de diviser chacune des difficultés que j'examinerais en autant de parcelles qu'il se pourrait et qu'il serait requis pour les mieux résoudre.

Le troisième, de conduire par ordre mes pensées, en commençant par les objets les plus simples et les plus aisés à connaître, pour monter peu à peu, comme par degrés, jusques à la connaissance des plus composés; et supposant même de l'ordre entre ceux qui ne se précèdent point naturellement les uns les autres.

Et le dernier, de faire partout des dénombrements si entiers, et des revues si générales, que je fusse assuré de ne rien omettre [9].

La méthode, recherche naturelle de la vérité (cf. *Les Principes de la philosophie* [10]), sert à ordonner et à organiser nos connaissances [11]. Or,

---

[7] Il s'agit des *Regulae ad directionem ingenii*, traité inachevé qui a été retrouvé parmi les papiers de Descartes à Stockholm. Les *Regulae* n'ont été imprimées qu'en 1701 dans les *Opuscula posthuma physica et mathematica* (ouvrage publié à Amsterdam, mais le texte circulait au XVIIᵉ siècle dans plusieurs copies. Arnauld et Nicole l'avaient utilisé pour leur *Logique*, et en 1670 Leibniz avait acheté une copie qu'on a retrouvée dans ses papiers à la bibliothèque de Hanovre. Les *Regulae* furent sans doute rédigées vers 1628, et contiennent déjà, en germe, tous les éléments cardinaux de la philosophie cartésienne.

[8] René Descartes, *Œuvres et Lettres*, *Règles pour la direction de l'esprit*, p. 46 et 52 (Règle IV et règle V).

[9] René Descartes, *Œuvres et Lettres*, *Discours de la méthode*, deuxième partie, p. 137-138. Voir également la *Lettre à Élisabeth* (princesse de Bohême, 1618-1680) du 4 août 1645, ibid., p. 1192-1195.

[10] René Descartes, *Œuvres et Lettres*, *Les Principes de la Philosophie* (Amsterdam, 1644), Première partie: Des principes de la connaissance humaine, p. 571-610.

[11] René Descartes, *Œuvres et Lettres*, *Règles pour la direction de l'esprit*, Règle IV, p. 51: «Mais moi, conscient de ma faiblesse, j'ai décidé d'observer constamment dans la recherche de la vérité un ordre tel, qu'ayant toujours commencé par les choses les plus simples et les plus faciles, je ne passe jamais à d'autres, avant qu'il me semble ne plus rien rester à désirer dans les premières».

Descartes distingue deux étapes cognitives fondamentales: l'élaboration des connaissances et leur démonstration.

Dans l'élaboration d'une connaissance, deux démarches méthodiques se prêtent secours: l'*énumération* (ou induction) et l'*intuition* (ou déduction): «*Pour achever la science, il faut parcourir par un mouvement continu et ininterrompu de la pensée toutes les choses qui se rapportent à notre but et chacune d'elles en particulier, ainsi que les embrasser dans une énumération suffisante et ordonnée*»[12].

L'observation de ce qui est énoncé ici est nécessaire, pour admettre au nombre des vérités certaines celles dont nous avons dit plus haut, qu'elles ne sont pas immédiatement déduites des principes premiers connus par eux-mêmes. Quelquefois, en effet, cette déduction se fait par une si longue suite de conséquences que, quand nous parvenons au terme, nous ne nous souvenons pas facilement de tout le chemin qui nous a menés jusque-là; et c'est pourquoi nous disons qu'il faut secourir la faiblesse de la mémoire par un mouvement continu de la pensée. Par exemple, si j'ai reconnu tout d'abord par différentes opérations quel rapport il y a entre les grandeurs A et B, ensuite entre B et C, puis entre C et D, et enfin entre D et E, je ne vois pas pour cela quel rapport il y a entre A et E, et je ne peux pas l'apercevoir d'après ceux qui sont déjà connus, à moins de me les rappeler tous. Aussi je les parcourrai plusieurs fois d'un mouvement continu de l'imagination qui, dans le même temps, doit avoir l'intuition de chaque chose et passer à d'autres, jusqu'à ce que j'aie appris à passer du premier au dernier assez rapidement pour ne laisser presque aucun rôle à la mémoire et avoir, semble-t-il, l'intuition de tout à la fois; par ce moyen, en effet, tout en aidant la mémoire, on corrige aussi la lenteur de l'esprit, et d'une certaine manière on étend sa capacité.

Mais nous ajoutons que ce mouvement doit être ininterrompu; car souvent ceux qui veulent déduire quelque chose trop vite et de principes éloignés, ne parcourent pas toute la chaîne des propositions intermédiaires avec tant de soin qu'ils ne sautent inconsidérément bien des choses. Et certes, là où un point est omis, fût-ce le plus petit, aussitôt la chaîne est rompue, et toute la certitude de la conclusion s'évanouit.

Nous disons, en outre, que l'énumération est requise pour achever la science: car les préceptes aident, en vérité, à résoudre un grand nombre de questions, mais c'est seulement grâce à l'énumération qu'il peut se faire, qu'à quelque question que nous appliquions notre esprit, nous portions toujours sur elle un jugement vrai et certain, et que par suite rien ne nous échappe vraiment, et que sur tout nous paraissions savoir quelque chose[13].

Quant à la manière de démontrer, elle est double: «l'une se fait par l'analyse ou résolution, et l'autre par la synthèse ou composition».

L'analyse montre la vraie voie par laquelle une chose a été méthodiquement inventée, et fait voir comment les effets dépendent des causes; en sorte que, si le

---

[12] René Descartes, *Œuvres et Lettres, Règles pour la direction de l'esprit*, Règle VII, p. 57.

[13] René Descartes, *Œuvres et Lettres*, ibid., p. 57-58.

lecteur la veut suivre, et jeter les yeux soigneusement sur tout ce qu'elle contient, il n'entendra pas moins parfaitement la chose ainsi démontrée, et ne la rendra pas moins sienne, que si lui-même l'avait inventée. Mais cette sorte de démonstration n'est pas propre à convaincre les lecteurs opiniâtres ou peu attentifs : car si on laisse échapper, sans y prendre garde, la moindre des choses qu'elle propose, la nécessité de ses conclusions ne paraîtra point ; et on n'a pas coutume d'y exprimer fort amplement les choses qui sont assez claires de soi-même, bien que ce soit ordinairement celles auxquelles il faut le plus prendre garde.

La synthèse, au contraire, par une voie tout autre, et comme en examinant les causes par leurs effets (bien que la preuve qu'elle contient soit souvent aussi des effets par les causes), démontre à la vérité clairement ce qui est contenu en ses conclusions, et se sert d'une longue suite de définitions, de demandes, d'axiomes, de théorèmes et de problèmes, afin que, si on lui nie quelques conséquences, elle fasse voir comment elles sont contenues dans les antécédents, et qu'elle arrache le consentement du lecteur, tant obstiné et opiniâtre qu'il puisse être ; mais elle ne donne pas, comme l'autre, une entière satisfaction aux esprits de ceux qui désirent d'apprendre, parce qu'elle n'enseigne pas la méthode par laquelle la chose a été inventée. Les anciens géomètres avaient coutume de se servir seulement de cette synthèse dans leurs écrits, non qu'ils ignorassent entièrement l'analyse, mais, à mon avis, parce qu'ils en faisaient tant d'état, qu'ils la réservaient pour eux seuls, comme un secret d'importance [14].

Énumération, intuition, analyse et synthèse : voilà les composantes d'une méthode générale que philosophes et hommes de science ne peuvent ignorer, et à laquelle les savants du XVIIe siècle ont été particulièrement sensibles.

Malebranche, après avoir distingué entre quatre manières de connaître [15], insiste sur la nécessité d'une méthode, indispensable pour rendre notre esprit plus attentif :

---

[14] René Descartes, *Œuvres et Lettres, Réponses de l'auteur aux Secondes objections recueillies de plusieurs théologiens et philosophes par le R.P. Mersenne*, p. 387-388. Comme le fait remarquer Descartes, il a suivi la voie analytique dans ses *Méditations*, mais pour répondre aux vœux du Père Mersenne, il ajoute à ses *Réponses* un « abrégé » des principales « *Raisons qui prouvent l'existence de Dieu et la distinction qui est entre l'esprit et le corps humain, disposées d'une façon géométrique* », ibid., p. 390-398.

[15] Nicolas Malebranche, *De la Recherche de la Vérité*, III, II, 7 : « Afin d'abréger et d'éclaircir le sentiment que je viens d'établir touchant la manière dont l'esprit aperçoit tous les différents objets de ses connaissances, il est nécessaire que je distingue en lui quatre manières de connaître. La première est de connaître les choses par elles-mêmes ; La seconde, de les connaître par leurs idées, c'est-à-dire, comme je l'entends ici, par quelque chose qui soit différent d'elles ; La troisième, de les connaître par *conscience*, ou par sentiment intérieur ; La quatrième, de les connaître par conjecture. On connaît les choses par elles-mêmes et sans idées, lorsqu'elles sont intelligibles par elles-mêmes, c'est-à-dire lorsqu'elles peuvent agir sur l'esprit, et par là se découvrir à lui. Car l'entendement est une faculté de l'âme purement passive, et l'activité ne se trouve que dans la volonté. Ses désirs mêmes ne sont point les causes véritables des idées, elles ne sont que les causes occasionnelles ou naturelles de leur présence, en conséquence des lois générales de l'union de notre âme avec

Les idées de toutes choses nous étant donc continuellement présentes dans le temps même que nous ne les considérons pas avec attention, il ne reste autre chose à faire, pour conserver l'évidence dans toutes nos perceptions, qu'à chercher les moyens de rendre notre esprit plus attentif et plus étendu ; de même que pour bien distinguer les objets visibles qui nous sont présents il n'est nécessaire de notre part que d'avoir bonne vue et de les considérer fixement. Mais parce que les objets que nous considérons ont souvent plus de rapports que nous n'en pouvons découvrir tout d'une vue par un simple effort d'esprit, nous avons encore besoin de quelques règles qui nous donnent l'adresse de développer si bien toutes les difficultés, qu'aidés des secours qui nous rendront l'esprit plus attentif et plus étendu, nous puissions découvrir avec une entière évidence tous les rapports des choses que nous examinons (*De la Recherche de la Vérité*, VI, I, 1).

Pour bien penser, il ne faut pas seulement faire un bon usage des sens et des passions (*De la Recherche de la Vérité*, VI, I, 3), mais il faut aussi «ménager la capacité de l'esprit» :

On ne peut donc augmenter l'étendue et la capacité de l'esprit en l'enflant, pour ainsi dire, et en lui donnant plus de réalité qu'il n'en a naturellement, mais seulement en la ménageant avec adresse ; ce qui se fait parfaitement par l'arithmétique et par l'algèbre. Car ces sciences apprennent le moyen d'abréger de telle sorte les idées et de les considérer dans un tel ordre, qu'encore que l'esprit ait peu d'étendue, il est capable, par le secours de ces sciences, de découvrir des vérités très composées et qui paraissent d'abord incompréhensibles (...) ces deux sciences sont le fondement de toutes les autres, et donnent les vrais moyens d'acquérir toutes les sciences exactes, parce qu'on ne peut ménager davantage la capacité de l'esprit que l'on le fait par l'arithmétique, et principalement par l'algèbre (*De la Recherche de la Vérité*, VI, I, 5).

Au XVIIe siècle, le concept de méthode envahit le domaine des sciences : le succès du *Discours* de Descartes confère à la méthode une place privilégiée parmi les notions épistémologiques, et c'est la philosophie cartésienne qui définira le champ sémantique des termes «*méthode*» et «*méthodique*» :

METHODE. subst. fem. Art de disposer les choses d'une manière qu'on les puisse faire, ou enseigner, ou les retenir avec plus de facilité. La *Methode* de Descartes est un ouvrage merveilleux. Ce qui profite le plus dans les sciences, c'est de les apprendre avec *Methode*. On dispute au College, si la Logique est

---

la raison universelle, ainsi que je l'expliquerai ailleurs. On connaît les choses par leurs idées lorsqu'elles ne sont point intelligibles par elles-mêmes, soit parce qu'elles sont corporelles, soit parce qu'elles ne peuvent affecter l'esprit ou se découvrir à lui. On connaît par conscience toutes les choses qui ne sont point distinguées de soi. Enfin on connaît par conjecture les choses qui sont différentes de soi, et de celles que l'on connaît en elles-mêmes et par des idées, comme lorsqu'on pense que certaines choses sont semblables à quelques autres que l'on connaît».

un Art, une Science, ou une *Methode*. Il y a plusieurs Livres intitulés du nom de *Methode*, & particulierement pour apprendre les Langues. Les Nouvelles *Methodes* de Port-Royal.

METHODIQUE, adj. masc. & fem. Ce qui se fait par art & avec un certain ordre. On apprend & on retient mieux les sciences, quand elles sont disposées dans un ordre *methodique* (...)

METHODIQUEMENT. adv. D'une maniere methodique. Les Auteurs qu'il faut le plus rechercher, ce sont ceux qui traitent les choses *methodiquement* [16].

Dans le domaine de la grammaire, la notion de méthode connaît un succès énorme dans la seconde moitié du XVIIᵉ siècle. Dans ses définitions de «méthode» et «méthodique(ment)», le *Dictionnaire* de Pierre Richelet (1679-1680) renvoie explicitement à la grammaire et à l'enseignement des langues:

METODE, s.f. Certaine maniere facile & arretée pour faire quelque chose (...) Régles pour aprendre quelque chose comme quelque Langue. [Nouvelle métode pour la Langue Gréque.]

Métodique, adj. Qui a de la métode, qui a de l'ordre. [Démonstration métodique. *Port-Roial* (...).]

Métodiquement, adv. Avec métode. [Enseigner métodiquement quelque chose.] [17].

Les titres des grammaires parues entre 1656 et 1699 sont une illustration éloquente de cet engouement pour la démarche «méthodique» chez les grammairiens: alors qu'avant 1656, seule la grammaire de Cugninus (*Gallicae linguae semina, in facili methodo inflectendi pleraque verba Gallici Idiomatis. Cum potioribus eandem Linguam per praecepta discendi Regulis*, Coloniae Agrippinae, apud Johannem Kinckium, 1631) portait le terme «méthode» dans son titre [18], la grammaire de Claude Irson marque le début d'un courant continu de grammaires françaises méthodiques [19]:

---

[16] Antoine Furetière, *Dictionnaire universel, Contenant generalement tous les mots françois tant vieux que modernes, & les Termes de toutes les sciences et des arts*, La Haye-Rotterdam, Chez Arnout & Reinier Leers, 1690 (repr. Genève, Slatkine, 1970).

[17] Pierre Richelet, *Dictionnaire françois, contenant les mots et les choses, plusieurs nouvelles remarques sur la langue françoise: Ses Expressions Propres, Figurées & Burlesques, la Prononciation des Mots les plus difficiles, le Genre des Noms, le Regime des Verbes: Avec Les Termes les plus connus des Arts & des Sciences. Le tout tiré de l'usage et des bons auteurs de la langue françoise*, Genève, chez Jean Herman Widerhold, 1679-1680 (réimpr. Hildesheim-New York, G. Olms, 1973).

[18] Les ouvrages de O.S. Sieur de Claireville (*La methode Françoise, ou la maniere d'apprendre à parfaictement discourir & bien escrire*, Paris, 1623; cf. Stengel, o.c., p. 36 n° 67) et du Sieur de la Barre (*Methode ou instruction nouvelle. Pour les étrangers, qui desirent apprendre la maniere de composer ou écrire à la mode du temps, & sçavoir la vraye prononciation de la langue françoise*, Leyde, 1642; cf. Stengel-Niederehe, o.c., p. 193 n° 89.4) ne sont pas des grammaires françaises, ni des traités sur la langue.

[19] Dans cette liste je n'ai pas inclus les rééditions des grammaires de Claude Mauger,

1656. Claude IRSON. *Nouvelle methode pour apprendre facilement les principes et la pureté de la langue françoise, Contenant plusieurs traitez De la Prononciation, De l'Orthographe, De l'Art d'Ecriture, Des Etymologies, Du Stile Epistolaire, & Des Regles de la belle façon de parler & d'Ecrire. Avec une liste des Auteurs les plus célebres de nôtre Langue.* A Paris, Chez l'Auteur, ruë Bourg-l'Abbé à l'Ecole de Charité: & Chez Gaspar Meturas ruë Saint-Iacques à la Trinité, prés les Mathurins (autres éditions: 1662, 1667).

1658. Jean-Marie FILZ. *Nouvelle methode ou abbregé de la grammaire et de la Rethorique, dans lequel tout ce qui a jamais esté écrit, touchant ces matieres, est reduit de telle sorte, Que l'Autheur s'est rendu autant intelligible, qu'il a pris de peine à renfermer beaucoup de choses soûs peu de mots. On trouvera dans la Table les Principales choses qui sont contenuës en cet Ouvrage.* A Paris, Chez l'Autheur, au Cloistre S. Germain de l'Auxerrois, vis-à-vis la Porte de l'Eglise que l'on nomme de la Maîtrise (il s'agit, au dire de l'auteur, de la troisième édition; la première édition de cet ouvrage, qui est avant tout consacré au latin, serait de 1654). L'ouvrage de 1658 a été entièrement remanié pour l'édition de 1669, où le français occupe une place beaucoup plus importante: *Methode courte et facile pour apprendre les langues latine et françoise, où l'on trouvera dans le parallele que l'Auteur a fait de ces deux langues, plusieurs Observations necessaires pour l'intelligence des Auteurs Latins, & pour lire avec plaisir ceux qui ont écrit en François,* A Paris, Chez Jean Baptiste Coignard, ruë S. Iacques, à la Bible d'Or).

1663. Guido FANOIS. *Methodus accurata linguae Gallicae principia, praxim et puritatem docens.* Lugduni Batavorum.

1664. TELLES. *Gallicae Linguae grammatica, Singulari Methodo à S. Tellaeo conscripta, Praecipuè in eorum gratiam qui linguam Germanicam Callent. Grammaire Françoise, Par le Sieur Telles, Professeur en la Langue & Mathematique Françoise.* Argentorati, Typis Eberhardi Wemperi.

---

dont quelques-unes portent le terme «méthode» dans leur titre (cf. 1653: *The true Advancement of the French tongue. Or A new Method, and more easie directions for the attaining of it, then ever yet have been published,* London; 1676 et 1679: *Claudius Mauger's French Grammar with additions. Enriched with a New Method*; 1681: *Nouvelle Methode exacte & facile Pour acquerir en peu de Temps l'usage de la langue Françoise,* Utrecht, rééditions 1691, 1697, 1698, 1720). Signalons encore les grammaires de Guy Miège et de Paul Festeau: Guy MIÈGE, *A New French Grammar; or, A New Method For Learning of the French Tongue,* London, Printed for Thomas Bassett, at the George, near St. Dunstan's Church in Fleet-Street, 1678 (plusieurs rééditions et remaniements, sous un titre parfois différent, en 1682, 1687, 1698, 1728, 1749) et Paul FESTEAU, *Nouvelle grammaire Françoise; contenant une Methode Curieuse & Facile, pour parvenir a la Pureté de cette Langue,* Londres, Chez Samuel Lowndes, demeurant vis a vis de l'Hostel d'Exeter, dans la Rue appellée le Strand (cet ouvrage est la traduction, légèrement remaniée, de *A new and Easie French Grammar* du même auteur, London, Th. Thornycroft, 1675; rééditions: 1679, 1685, 1693, 1701).

1666. Franciscus de FENNE. *Libri tres compendii Grammaticae Gallicae, In usum maximè Tyronum clarâ ac facili methodo conscripti à Francisco de Fenne.* Fothae Impensis Salomonis Reyheri. Typis Reyherianis Exscrib. Joh. Mich. Schallio. (autres éditions: 1670, 1671, 1677, 1680, 1686, 1688, 1689, 1690, 1694, 1696, 1700, 1703, 1713, 1729).

1669. Alexander JOLI. *Neue und sehr nutzliche Lehrahrt die Frantzosische Sprache innerhalb kurtzer Zeit vollig zu fassen.* Frontispice français: *Metode Nouvelle Et tres-utile, pour apprendre parfaitement & en peu de tems, la Langue Françoise, Où Ceus qui veullent parler purement, correctement & élégamment, trouveront tous les vrays & solides Fondements de cette belle langue, Contenus En six Entretiens familiers François & Allemans. Composés & mis au jour par Alexandre Joli, Maître de Langues.* Hamburg, In Verlegung des Authoris.

1674. François d'AISY. *Nouvelle Methode de la Langue françoise: Divisée en quatre Parties. Dont la Premiere est, La Prononciation des Sons en general. La Seconde est, La Prononciation en Lisant. La Troisième, La Grammaire. Et la Quatriéme, l'Euphonie; ou Bonne-Prononciation des Mots, en Parlant.* A Paris, chez Estienne Michallet, ruë Saint Jacques, à l'image Saint Paul, proche la Fontaine Saint Severin.

1679. Joannes ELLEDURT. *Methodus curiosa Variis referta observationibus a Joanne Elledurt, s.s.i.e.h.l.m. Collectis in eorum gratiam, qui linguae gallicae dederunt, dant, & dabunt operam.* Holmiae, Excudit Nicolaus Wankif S.R. Maj. Typogr.

1680. Jean MENUDIER. *Le secret d'apprendre la langue françoise en riant. Contenant En prés de deux cents Contes divertissans plus de quatre cens remarques, dont quelques unes n'ont point encore paru au jour, & plusieurs maximes Morales & Politiques, avec une nouvelle Methode, Pour apprendre facilement la Langue Françoise, Deux tables, qui servent de Grammaire, & un indice des regles & des remarques.* Francfurt-Leipzig, J. Bilken (rééditions: 1681, 1684, 1686, 1687, 1693).

1681. Denis VAIRASSE D'ALLAIS. *Grammaire methodique contenant en abregé les principes de cet art Et les Regles les plus necessaires de la Langue Françoise dans un ordre clair & naturel, Avec de nouvelles observations & des caracteres nouveaux pour en faciliter la prononciation, sans rien changer d'essentiel dans l'orthographe ni dans l'étymologie des mots. Ouvrage fort utile à toute sorte de gens, & composé pour l'instruction particuliere de Son Altesse Royale Monseigneur le Duc de Chartres.* A Paris, Chez l'Auteur le Sr D. V. d'Allais, au bas de la ruë du Four, proche du petit Marché, Faubourg Saint Germain (réédition: 1702; trad. anglaise: 1683, *A short and methodical introduction to the French tongue. Composed for the particular use and benefit of the English, by D. V. d'ALLAIS a Teacher of the French, and English Tongues in Paris*).

1683. Jean MEYER. *Le Maitre de Langue Muet, ou instruction methodique pour apprendre de soy méme les principes de la Langue Françoise; tirée des œuvres de ceux qui ont travaillé sur cette langue avec plus de soin & plus de lumiere; Enrichie d'un grand nombre de remarques tres solides, & tres necessaires pour la connoissance de cette langue, & pour l'intelligence des bons auteurs. Avec deux tables pour la declinaison des noms & des pronoms, & de la conjugaison des verbes; Et un recueil des façons de parler les plus communes.* Par Jean Meyer. A Nuremberg, chés Jean Hofmann (avec frontispice allemand).

1684. Isidoro LANFREDINI. *Nuovo metodo facile, e breve Per imparar la Lingua Francese Composto, e dato in luce dal R.P.D. Isidoro Lanfredini Fiorentino, Monaco e Decano Benedettino. Interpetre della Lingua Francese, e Toscana nell'Accademia di Parigi. Dedicato All'Illustrissimo Signore Il Sig. March. Mattia Maria Bartolomei.* Firenze, Appresso gli Eredi di Francesco Onofri (frontispice français: *Nouvelle methode courte, et facile Pour apprendre la Langue Françoise Composée, & donnée au iour par le R.P.D. Is. Lanfredini Florentin, Moine, & Doyen Benedictin. Interprete de la Langue Françoise, & Toscane dans l'Accademie de Paris. Dediée a Monsieur Mr. le Marquis Bartholomey*).

1687 RUAU. *La vraye methode d'enseigner la langue Françoise aux etrangers. Expliquée en Latin.* A Paris, Chez la Veuve de Claude Thiboust, et Pierre Esclassan, Libraire Juré & ordinaire de l'Université, ruë S. Jean de Latran, vis à vis le College Royal.

1689. Jean-Robert DES PEPLIERS. *Grammaire royale françoise & allemande contenant une Methode nouvelle & facile pour apprendre en peu de temps la langue françoise, Avec une nomenclature, des Dialogues nouveaux, Bouquet des Sentences, des Lettres & billets galants de ce temps, ecrite par Mr. Jean Robert des Pepliers, Informateur de Monseign. le Duc de Bourgogne* (avec titre en allemand). Berlin, Johann Völckern (rééditions: voir la «Bibliographie raisonnée»).

1694. Abel BOYER. *The Compleat French-Master, for Ladies and Gentlemen. Being A New Method, to Learn with ease and delight the French Tongue, as it is now spoken in the Court of France.* London, Printed for Th. Salusbury, at the Kings Arms next St. Dunstan's Church in Fleet-Street (rééditions: 1699, 1703, 1710, 1714, 1717, 1721, 1729, 1733, 1737, 1744, 1748, 1753, 1768, 1772, 1776, 1779, 1797, 1820; éditions hollandaises: 1728, 1739, 1748).

1694. Pierre MARIN. *Nouvelle methode pour apprendre les principes et l'usage des langues françoise et hollandoise.* Amsterdam, Pieter Sceperus (autres éditions: 1697, 1702, 1705, 1710, 1712, 1718, 1719, 1724, 1726, 1729, 1752, 1762, 1811, 1812).

1697. David JANSSAEUS. *La veritable clef de la langue françoise, ou abregé metodique de la grammaire françoise.* A Ratzebourg, chez Sigismund Hoffmann.

1699. L. CHARBONNET. *Les principes de la langue Françoise ou grammaire methodique pour l'usage de la jeunesse.* A Halle, chés Jean Fred. Zeitler & Henr. George Musselius (réédition: 1714).

Mais c'est grâce à Port-Royal que la méthode devient une caractéristique inhérente de la description grammaticale. Claude Lancelot, réagissant contre les grammaires scolaires du latin et du grec, alors axées sur la mémorisation de paradigmes et d'une multitude de règles, publie en 1644 sa *Nouvelle Methode pour apprendre facilement, & en peu de temps la langue latine, Contenant les Rudiments et les Regles des Genres, des Declinaisons, des Preterits, de la Syntaxe, & de la Quantité. Mises en François, avec un ordre tres-clair & tres-abregé*[20]. Il est vrai que dans sa première édition cet ouvrage ne se dégage pas de la tradition[21], mais c'est en retravaillant sa *Méthode* — qu'il fera suivre de manuels pour le grec, l'italien et l'espagnol[22] —, que Lancelot entreprend, vers 1654, la lecture de la *Minerva* de Sanctius[23] :

> C'est pourquoi, sachant qu'en ces derniers siècles, Sanctius s'est acquis une réputation merveilleuse par l'Ouvrage qu'il a publié sur cette matière, qui est aussi estimé de tous les Savans comme il est rare et difficile à recouvrer, je trouvai moyen d'en avoir un, que je lus avec tout le soin qu'il me fut possible, et tout ensemble avec une satisfaction que je ne puis assez exprimer[24].

Après avoir décrit en quelques mots la carrière de Sanctius, Lancelot vante les mérites de l'auteur de la *Minerva* :

> Cet Auteur s'est étendu particulièrement sur la structure et la liaison du Discours, que les Grecs appellent SYNTAXE, qu'il explique de la manière du

---

[20] À Paris, chez Antoine Vitré, Imprimeur ordinaire du Roy, de la Reyne regente, Mere de sa Majesté, & du Clergé de France, deux parties en un volume (3 f.n.n., 62 p.; 15 p., 263 p.).

[21] Cf. R. Donzé, *La Grammaire générale et raisonnée de Port-Royal. Contribution à l'histoire des idées grammaticales en France*, Berne, Francke, 1971² (1967), p. 8: «La *Méthode* latine est encore très élémentaire, dans l'édition de 1644; ses règles versifiées, accompagnées d'exemples commentés et de brefs avertissements en prose, ne font que réunir l'essentiel de la tradition scolaire».

[22] *Nouvelle methode pour apprendre facilement la langue greque, contenant les regles des Declinaisons, des Conjugaisons, de l'Investigation du Theme, de la Syntaxe, de la Quantité, des Accens, des Dialectes, & des Licences Poëtiques. Mises en François, dans un ordre tres-clair & tres-abregé. Avec un grand nombre de remarques tres-solides & tres-necessaires pour la parfaite connoissance de la langue Greque, & pour l'intelligence des Auteurs*, Paris, chez Pierre Le Petit, Imprimeur & Libraire ordinaire du Roy, rüe S. Iacques, à la Croix d'Or, 1655; *Nouvelle methode pour apprendre facilement et en peu de temps la langue italienne*, Paris, chez Pierre Le Petit, Imprimeur & Libraire ordinaire du Roy, rüe S. Iacques, à la Croix d'Or, 1660; *Nouvelle methode pour apprendre facilement et en peu de temps la langue espagnole*, Paris, chez Pierre Le Petit, Imprimeur & Libraire ordinaire du Roy, rüe S. Iacques, à la Croix d'Or, 1660. Sur ces manuels, voir Donzé, o.c., p. 10-12.

[23] Franciscus Sanctius, *Minerva seu de causis linguae Latinae*, Salmanticae, apud Joannem & Andraeam Renaut, fratres, 1587. Sur la *Minerva* de Sanctius, voir l'étude de M. Breva-Claramonte, *Sanctius' Theory of Language*, Amsterdam, J. Benjamins, 1983.

[24] Claude Lancelot, *Nouvelle methode ... latine* (nous citons d'après une réédition de 1819, Paris, Auguste Delalain), Préface, p. XIII-XIV.

monde la plus claire, en la réduisant à ses premiers principes, et à des raisons toutes simples et naturelles; en faisant voir que ce qui paroît construit sans aucune règle, et par un usage entièrement arbitraire de la Langue, se rappelle aisément aux lois générales de la construction ordinaire, ou en exprimant quelque parole qui y est sous-entendue, ou en recherchant l'usage ancien dans les anciens Auteurs Latins, dont il est demeuré des traces dans les nouveaux; et enfin, en établissant une analogie et une proportion merveilleuse dans toute la Langue [25].

À partir de la cinquième édition de la *Méthode latine*, Lancelot fait une large part aux théories de Sanctius et de ses commentateurs Scioppius et Vossius :

Afin donc de n'oublier rien qui pût servir à l'éclaircissement de cet Art, j'ai allié ensemble ces trois Auteurs; et tirant de chacun d'eux ce qui m'a paru de plus clair et de plus solide, je l'ai joint à chacune des Règles, mettant à la fin de la Syntaxe les avis plus étendus et plus généraux [26].

De cette façon, la *Méthode* s'adresse à tous ceux qui veulent apprendre et comprendre une langue :

Ainsi, il est aisé de voir que ce Livre, dans ces dernières Éditions, est tellement le même Livre qu'il étoit auparavant, qu'il se peut dire néanmoins n'être plus le même, parce qu'il en renferme un second qui est tout nouveau, et qui ne sera peut-être pas moins utile que le premier : car, au lieu qu'auparavant il ne sembloit propre que pour les Enfans, ou pour ceux qui désiroient s'affermir dans les premiers principes de la Langue Latine, maintenant j'espère qu'il sera très-utile, non-seulement à tous ceux qui les instruisent, mais encore généralement à toutes les personnes qui veulent avoir une connoissance solide de cette Langue, et s'en instruire par des maximes assurées, qui leur peuvent encore être utiles dans l'étude de la Grecque et de toutes les autres [27].

De nombreux contacts avec Antoine Arnauld, autre Solitaire de Port-Royal, menèrent à l'ouvrage qui bouleversera la grammaire française : la *Grammaire générale et raisonnée*, parue le 28 avril 1660 [28]. Cette grammaire a préparé la voie à un courant grammatical qui, recourant au français comme moyen d'expression, se propose d'éclairer un grand nombre de données empiriques par un inventaire restreint de principes cognitifs :

---

[25] Claude Lancelot, *Nouvelle methode ... latine*, o.c., p. XIV.
[26] Claude Lancelot, *Nouvelle methode ... latine*, o.c., p. XV.
[27] Claude Lancelot, *Nouvelle methode ... latine*, o.c., p. XVI.
[28] *Grammaire generale et raisonnée Contenant Les fondemens de l'art de parler expliquez d'une maniere claire & naturelle; Les raisons de ce qui est commun à toutes les langues, & des principales differences qui s'y rencontrent; Et plusieurs remarques nouvelles sur la Langue Françoise*, A Paris, Chez Pierre le Petit, Imprimeur & Libraire ordinaire du Roy, ruë S. Iacques, à la Croix d'Or, 1660 (pour les rééditions, voir la «Bibliographie raisonnée»). Nous citerons le texte de la première édition.

L'engagement où je me suis trouvé, plustost par rencontre que par mon choix, de travailler aux Grammaires de diverses Langues, m'a souvent porté à rechercher les raisons de plusieurs choses qui sont ou communes à toutes les langues, ou particulieres à quelques-unes. Mais y ayant quelquefois trouvé des difficultez qui m'arrestoient, je les ay communiquées dans les rencontres à un de mes Amis, qui ne s'estant jamais appliqué à cette sorte de science, n'a pas laissé de me donner beaucoup d'ouvertures pour resoudre mes doutes. Et mes questions mesme ont esté cause qu'il a fait diverses reflexions sur les vrays fondemẽs de l'Art de parler, dont m'ayant entretenu dans la conversation, je les trouvay si solides, que je fis conscience de les laisser perdre n'ayant rien veu dans les anciens Grammairiens, ny dans les nouveaux, qui fust plus curieux ou plus juste, sur cette matiere. C'est pourquoy j'obtins encore de la bonté qu'il a pour moy, qu'il me les dictast à des heures perduës; & ainsi les ayant recueillies & mises en ordre, j'en ay cõposé ce petit Traité [29].

Étant donné que la *Grammaire* de Port-Royal constitue la synthèse la plus originale du courant méthodique dans la grammaire du XVIIe siècle, il nous paraît indiqué d'étudier en détail la «méthode» appliquée par Lancelot et Arnauld.

2.   Dès l'entrée en matière, les auteurs établissent un parallélisme entre le niveau de la pensée et le niveau de l'expression langagière.

La Grammaire est l'Art de parler. Parler, est expliquer ses pensées par des signes, que les hommes ont inventez à ce dessein (*Grammaire*, p. 5).

Il convient de remarquer que ce parallélisme n'est pas fondé bilatéralement, mais unilatéralement: le niveau de la pensée est posé comme prioritaire.

La pensée peut être analysée en trois opérations: «Tous les Philosophes enseignent qu'il y a trois operations de nostre esprit: CONCEVOIR, IUGER, RAISONNER» (*Grammaire* II, 1, p. 27; cf. *Logique*, vol. I, p. 23-24, 26, 101, 174). Ces trois opérations se complètent: le raisonnement est un enchaînement de jugements, et tout jugement implique une affirmation ou une négation:

CONCEVOIR, n'est autre chose qu'un simple regard de nostre esprit sur les choses, soit d'une maniere purement intellectuelle; comme quand je connois l'estre, la durée, la pensée, Dieu: soit avec des images corporelles, comme quand je m'imagine un quarré, un rond, un chien, un cheval.

IUGER, c'est affirmer qu'une chose que nous concevons, est telle, ou n'est pas telle. Comme lors qu'ayant conceu ce que c'est que la *terre*, & ce que c'est que *rondeur*, j'affirme de *la terre* qu'elle *est ronde*.

---

[29] *Grammaire generale*, o.c., Preface, p. 3-4.

RAISONNER, est se servir de deux jugemens pour en faire un troisiéme. Comme lors qu'ayant jugé que toute vertu est loüable, & que la patience est une vertu, j'en conclus que la patience est loüable. D'où l'on voit que la troisiéme operation de l'esprit, n'est qu'une extension de la seconde. Et ainsi il suffira pour nostre sujet de considerer les deux premieres, ou ce qui est enfermé de la premiere dans la seconde. Car les hommes ne parlent gueres pour exprimer simplement ce qu'ils conçoivent; mais c'est presque tousiours pour exprimer les jugemens qu'ils font des choses qu'ils conçoivent (*Grammaire* II, 1, p. 27-28; *Logique*, vol. I, p. 23-24) [30].

Les deux termes liés dans le jugement sont appelés, dans l'analyse logique de la proposition, «*sujet*» et «*attribut*». Si ces deux termes relèvent de la première opération de l'esprit («concevoir»), leur union se fait au niveau de la seconde opération («juger»). La distinction de ces niveaux permet de fonder celle entre les différentes classes de mots:

Et ainsi la plus grande distinction de ce qui se passe dans nostre esprit, est de dire qu'on y peut considerer l'objet de nostre pensée; & la forme ou la maniere de nôtre pensée, dont la principale est le jugement. Mais on y doit encore rapporter les conjonctions, disjonctions, & autres semblables operations de nostre esprit; & tous les autres mouvemens de nostre ame; comme les desirs, le commande-ment, l'interrogation, &c. Il s'ensuit de là que les hommes ayant eu besoin de signes pour marquer tout ce qui se passe dans leur esprit, il faut aussi la plus generale distinction des mots, soit que les uns signifient les objets des pensées, & les autres la forme & la maniere de nos pensées, quoy que souvent ils ne la signifient pas seule, mais avec l'objet, comme nous le ferons voir. Les mots de la premiere sorte sont ceux que l'on a appellez *noms, articles, pronoms, participes, prepositions, & adverbes*. Ceux de la seconde, sont *les verbes, les conjonctions, & les interjections*. Qui sont tous tirez par une suitte necessaire de la maniere naturelle en laquelle nous exprimons nos pensées, comme nous l'allons monstrer (*Grammaire* II, 1, p. 29-30).

On peut se demander pourquoi les auteurs de la *Grammaire* rangent l'article, la préposition et l'adverbe dans la catégorie des mots qui signifient les «objets» de notre pensée [31]. En effet, ces mots ne peuvent

[30] Le passage de la *Grammaire* II, 1 a été repris dans les éditions ultérieures de la *Logique*. Notons que l'affirmation selon laquelle le *raisonner* n'est qu'une simple extension du *juger* doit être nuancée: le raisonnement est basé sur une relation particulière entre des propositions.

Pour la *Logique*, nous utilisons le texte suivant: *La Logique ou l'Art de Penser, Contenant, outre les Regles communes, plusieurs observations nouvelles propres à former le iugement*, Paris, chez Iean Guignart, Charles Savreux, Iean de Launay (réimpression anastatique avec apparat critique, par B. Baron von Freytag Löringhoff et H. E. Brekle, Stuttgart-Bad Cannstatt, Frommann-Holzboog, 1965-1967, 2 volumes).

[31] Voir à ce propos l'article de M. Dominicy, «Les parties du discours dans la Grammaire de Port-Royal», dans S. De Vriendt - C. Peeters éds *Linguistics in Belgium* I, Bruxelles, Didier, 1977, p. 25-37.

fonctionner comme sujet dans un jugement (ce qu'on devrait normalement attendre des mots qui signifient les objets de notre pensée). Duclos avait déjà relevé ce problème :

MESSIEURS de P.R. établissent dans ce chapitre les vrais fondements sur lesquels portent (*sic*) la métaphysique des langues. Tous les grammairiens qui s'en sont écartés ou qui ont voulu les déguiser, sont tombés dans l'erreur ou dans l'obscurité. M. du Marsais, en adoptant le principe de P.R., a eu raison d'en rectifier l'application au sujet des vues de l'esprit. En effet, MM. de P.R., après avoir si bien distingué les mots qui signifient les objets des pensées, d'avec ceux qui marquent la manière de nos pensées, ne devaient pas mettre dans la première classe, l'article, la préposition, ni même l'adverbe. L'article et la préposition appartiennent à la seconde ; et l'adverbe, contenant une préposition et un nom, pourrait, sous différents aspects, se rappeler à l'une et à l'autre classe [32].

Quant à l'article [33], on pourrait proposer l'explication suivante : en français (depuis la période du moyen français), tout substantif est accompagné d'un article qui co-détermine l'extension de l'idée signifiée par le substantif. Dans le cas de la préposition, on peut recourir à une explication analogue, beaucoup moins convaincante ici : la préposition est jointe à un ou deux substantifs ou pronoms, et désigne la relation conçue entre deux choses, deux personnes, etc. (*la maison du roi ; il est chez le roi*). Les adverbes sont considérés comme des mots qui signifient les objets de notre pensée, parce qu'ils sont une forme elliptique d'une construction plus complexe (*préposition + substantif*), dont les éléments constitutifs appartiennent chacun à la classe des mots qui signifient les objets de notre pensée :

Le desir que les hommes ont d'abreger le discours, est ce qui a donné lieu aux Adverbes. Car la pluspart de ces particules ne sont que pour signifier en un seul mot, ce qu'on ne pourroit marquer que par une preposition & un nom : comme *sapienter*, sagement, pour *cum sapientia*, avec sagesse (*Grammaire* II, chapitre 11, p. 88).

Les termes qui appartiennent à la seconde catégorie concernent donc les relations entre les termes de la première catégorie, et non pas les relations que la pensée établit entre les choses.

---

[32] Nous citons le texte de Duclos d'après l'édition suivante : *Grammaire générale et raisonnée avec les remarques de Duclos*, avec une introduction de M. Foucault, Paris, Paulet, 1969, p. 132.

[33] Sur l'article, voir *Grammaire* II, 7 ; ef. Donzé, o.c., p. 73-75 et P. Swiggers, «Durand on Port-Royal», *Studies in Language* 4, 1980, p. 125-130.

2.1. *Les termes de la première catégorie (niveau du* CONCEVOIR*).*

2.1.1. Les substantifs et les adjectifs.

Avant de pouvoir juger de la réalité (ou non-réalité) d'une chose, il faut la concevoir :

> CONCEVOIR, n'est autre chose qu'un simple regard de nostre esprit sur les choses, soit d'une maniere purement intellectuelle ; comme quand je connois l'estre, la durée, la pensée, Dieu : soit avec des images corporelles, comme quand je m'imagine un quarré, un rond, un chien, un cheval (*Grammaire* II, 1, p. 27-28).

Notre pensée n'est pas une imitation servile de la réalité. Les Port-Royalistes insistent sur ce point lorsqu'ils traitent des substantifs. D'après la *Grammaire*, une première division à l'intérieur de la classe des substantifs a son fondement dans la réalité même :

> Les objets de nos pensées, sont ou les choses, comme *la terre, le Soleil, l'eau, le bois*, ce qu'on appelle ordinairement *substance*. Ou la maniere des choses ; comme d'estre *rond*, d'estre *rouge*, d'estre *dur*, d'estre *sçavant*, &c., ce qu'on appelle *accident*. Et il y a cette difference entre les choses ou les substances, & la maniere des choses ou les accidens ; que les substances subsistent par elles-mesmes, au lieu que les accidens ne sont que par les substances (*Grammaire* II, 2, p. 30-31).

Les substances sont signifiées par les substantifs, les accidents par les adjectifs (*Grammaire* II, 2, p. 31). Jusqu'à ce point notre pensée reflète la structure de la réalité, divisée en substances et en accidents.

> Mais on n'en est pas demeuré-là : & il se trouve qu'on ne s'est pas tant arresté à la signification, qu'à la maniere de signifier (*Grammaire* II, 2, p. 31).

Il faut en effet tenir compte du caractère connotatif[34] des mots : si un mot est employé connotativement, il renvoie «de façon confuse» à une substance, qui «porte» les accidents. On a donc trois types de substantifs[35] : (A_1) le type qui correspond à l'idée d'une substance en tant que substance («*homme*») ; (A_2) le type qui correspond à l'idée des accidents non connotatifs (par exemple «*dureté*») ; (A_3) le type qui

---

[34] *Grammaire* II, 2, p. 31-32 : «Or ce qui fait qu'un nom ne peut subsister par soy-mesme ; est quand outre sa signification distincte ; il y en a encore une confuse, qu'on peut appeler connotation d'une chose, à laquelle convient ce qui est marqué par la signification distincte. Ainsi la signification distincte de *rouge*, est la *rougeur*. Mais il la signifie, en marquant confusément le sujet de cette rougeur, d'où vient qu'il ne subsiste point seul dans le discours, parce qu'on y doit exprimer ou sous-entendre le mot qui signifie ce sujet» ; cf. G. A. Padley, *Grammatical Theory in Western Europe 1500-1700. The Latin tradition*, Cambridge, University Press, 1976, p. 245-248.

[35] Sur la théorie du substantif et de l'adjectif chez les Port-Royalistes, voir M. Murat, «La théorie du nom adjectif et substantif dans la Grammaire et la Logique de Port-Royal», *Le français moderne* 47, 1979, p. 336-352, et P. Swiggers, «La théorie du nom et de l'adjectif dans la Grammaire et la Logique de Port-Royal», *Le français moderne* 49, 1981, p. 234-242.

correspond à l'idée des substances abstraites («*humanité*»). Pour les adjectifs, il y a deux types à distinguer: (B$_1$) le type qui correspond à l'idée d'un accident en tant qu'accident («*dur*») et (B$_2$) le type correspondant à l'idée des substances connotatives (par exemple «*humain*») [36]. Dans l'optique des Port-Royalistes, les substantifs sont donc des mots non connotatifs, alors que les adjectifs sont toujours connotatifs: ils signifient l'accident et le support de l'accident. Les mots connotatifs ont donc une *référence directe* (renvoi à la substance connotée) et une *référence indirecte*:

> Ainsi *blanc*, *candidus*, signifie directement ce qui a de la blancheur; *habens candorem*; mais d'une maniere fort confuse, ne marquant en particulier aucune des choses qui peuvent avoir de la blancheur & il ne signifie qu'indirectement la blancheur; mais d'une maniere aussi distincte que le mot mesme de blancheur, *candor* (*Grammaire*, II, 2, p. 34).

Les substantifs peuvent être divisés d'après ce qu'on peut appeler la «charge extensionnelle» de l'idée (ou du concept) dont ils sont le signe. Le nom propre évoque l'idée d'un individu en tant qu'individu; l'idée d'une classe (espèce ou genre) est signifiée par un nom général (ou «nom appellatif», ou encore «nom commun»; cf. *Grammaire* II, 3, p. 35) [37].

Ensuite, il est question des morphèmes flexionnels des substantifs qui marquent le nombre, le genre ou le cas. Le nombre est une catégorie flexionnelle qui s'applique aux noms communs — et non pas aux noms propres (*Grammaire* II, 4, p. 37) —, et à tous les adjectifs, car

> il est de leur nature d'enfermer tousiours une certaine signification vague d'un sujet, qui fait qu'ils peuvent convenir à plusieurs, au moins quant à la maniere de signifier; quoy qu'en effet ils ne convinssent qu'à un (*Grammaire* II, 4, p. 38).

Le genre est une catégorie grammaticale qui s'applique au nom substantif *et* au nom adjectif. Originellement, le genre appartient, en tant que catégorie flexionnelle, aux adjectifs:

> Comme les noms adjectifs de leur nature conviennent à plusieurs, on a jugé à propos pour rendre le discours moins confus, & aussi pour l'embellir par la variété des terminaisons, d'inventer dans les adjectifs une diversité selon les substantifs ausquels on les appliqueroit (*Grammaire* II, 5, p. 39).

La variation en genre de l'adjectif a un fondement ontologique:

---

[36] On voit donc que A$_2$ est une abstraction de B$_1$, que B$_2$ est égal à A$_1$ rendu connotatif, et que A$_3$ est une abstraction de B$_2$.

[37] Les auteurs de la *Grammaire* semblent ici perdre de vue que cette distinction ne s'applique qu'aux substantifs du type A$_1$.

Or les hommes se sont premierement considerez eux-mesmes, & ayant remarqué parmy eux une difference extrémement considerable, qui est celle des deux sexes, ils ont jugé à propos de varier les mesmes noms adjectifs (...) Et c'est ce qu'ils ont appellé *genre masculin & feminin* (*Grammaire* II, 5, p. 39).

Une conséquence de cette vue théorique est que les auteurs de la *Grammaire* doivent admettre, *post dictum*, des substantifs masculins et féminins. Cette distinction peut être motivée ontologiquement, mais il reste des exceptions (cf. *Grammaire* II, 5, p. 40). En ce qui concerne le neutre, les Port-Royalistes font remarquer que ce genre aurait dû regrouper des substantifs qui sont «neutres» par rapport au genre masculin et au genre féminin. Mais les langues n'ont pas toujours suivi cette règle logique ...

Ensuite, les auteurs discutent les cas du nom : ceux-ci signifient les relations (conçues) entre les choses. On peut donc inférer que la flexion casuelle est une propriété originelle des substantifs, le morphème flexionnel renvoyant ici aux relations conçues entre les choses (cf. *Grammaire* II, 6, p. 44-51). Par analogie, les adjectifs auraient adopté cette propriété.

2.1.2. Les pronoms.

Lancelot et Arnauld considèrent les pronoms comme une classe de mots secondaire :

Comme les hommes ont esté obligez de parler souvent des mesmes choses dans mesme discours, & qu'il eust esté importun de repeter tousiours les mesmes noms, ils ont inventé certains mots pour tenir la place de ces noms ; & que pour cette raison ils ont appellé *Pronoms* (*Grammaire* II, 8, p. 59).

En tant que substituts des noms substantifs, les pronoms sont caractérisés par les mêmes traits formels : nombre, genre, et cas. Les pronoms renvoient donc à des substances, mais les pronoms possessifs font exception à cette règle : ceux-ci appartiennent en effet à la classe des adjectifs dérivés des «substantifs». On a donc, pour le pronom de la première personne du singulier :

A	B
Substantif	Adjectif
1. *je*	1. —
	2. *mon, ma, ...*

Les pronoms possessifs ont comme signification distincte le (sujet) possesseur, signifié indirectement, et comme signification confuse l'objet possédé, signifié directement (*Grammaire* II, 8, p. 65; cf. *Logique* II, 1, vol. 2, p. 93-94).

Le pronom relatif reçoit un traitement détaillé (*Grammaire* II, 9 et II, 10) [38]. Si le pronom relatif a quelques caractéristiques en commun avec les autres pronoms, il possède aussi quelques traits particuliers. Le trait propre au pronom relatif est qu'il accompagne un substantif ou un pronom personnel et qu'il réunit deux propositions en une seule phrase. Le pronom relatif se joint toujours au sujet (ou à une partie du sujet) ou au prédicat (ou à une partie du prédicat) d'une proposition, mais jamais à la copule.

S (+ pronom relatif)   COPULE   P (+ pronom relatif) [39]

La proposition introduite par le pronom relatif n'est qu'une composante (d'une partie) du sujet ou du prédicat de la principale, et ne constitue jamais à elle seule le sujet ou le prédicat de la principale (*Grammaire* II, 9, p. 70-71).

2.1.3. Les prépositions et les adverbes.

Selon Lancelot et Arnauld, les prépositions constituent une catégorie redondante: une langue complètement «synthétique» exprimerait les rapports entre les idées par des variations flexionnelles. Mais une telle langue n'existe pas: on trouve toujours, parfois à côté des marques casuelles, des prépositions qui ont la même fonction. Les Port-Royalistes proposent un schéma «universel» (basé sur les prépositions qui existent en français!) des rapports qui peuvent être exprimés par les prépositions (*Grammaire* II, 11, p. 84).

Les adverbes constituent une classe doublement secondaire: l'adverbe (par exemple *sapienter*) est secondaire par rapport à la construction préposition + substantif (*cum sapientiā*), qui elle-même est secondaire

---

[38] Ce dernier chapitre est numéroté, par erreur, IX; notre numérotation à l'aide de chiffres arabes désigne les chapitres dénombrés successivement.

[39] Les parenthèses indiquent des éléments facultatifs. Comme phrases-exemples de pronoms relatifs se joignant au sujet ou à une partie du sujet, on peut mentionner: «*Jean, qui était malade, ne put venir*», et «*Le fils du boulanger qui habite au coin de la rue est mort*». Dans la *Grammaire* II, 9, p. 68-69 on trouve l'analyse de la phrase souvent citée «*Dieu invisible a créé le monde visible*»; N. Chomsky, *Cartesian Linguistics. A chapter in the history of rationalist thought*, New York, Harper & Row, 1966, p. 31-51, y a reconnu une analyse (proto-)générative de la structure profonde des phrases. Cette interprétation a été contestée par K. E. Zimmer, review of N. Chomsky: Cartesian Linguistics, *International Journal of American Linguistics* 34, 1968, p. 290-303 (p. 295-300), R. A. Hall, «Some Recent Studies on Port-Royal and Vaugelas», *Acta Linguistica Hafniensia* 12, 1969, p. 207-233 (p. 226-227) et K. D. Uitti, «Descartes and Port-Royal in Two Diverse Retrospects», *Romance Philology* 23, 1969, p. 79-85 (p. 78-79).

par rapport au substantif décliné à un certain cas (l'ablatif en latin: *sapientiā*).

2.2. *L'analyse propositionnelle au niveau de la seconde catégorie (JUGER)*.

2.2.1. Les verbes.

L'acte de juger consiste à affirmer [40] le lien entre deux termes: le sujet et l'attribut. La fonction essentielle du verbe est d'établir ce lien:

Et c'est proprement ce que c'est que le verbe, *un mot dont le principal usage est de signifier l'affirmation* (Grammaire II, 13, p. 90; *Logique* II, 2, vol. 2, p. 97-98).

Pour la simple affirmation, on emploie l'indicatif. En fait, il n'y a qu'une seule forme verbale qui se borne à affirmer le lien entre les deux termes de la proposition: c'est la troisième personne de l'indicatif présent du verbe *être* (*Grammaire* II, 13, p. 91; *Logique* II, 2, vol. 2, p. 98). Les autres formes verbales contiennent une information additionnelle sur la personne (*sum = ego sum*), sur un attribut particulier (*vivit = est vivens*) ou sur une époque temporelle (*coenasti = fuisti coenans*).

Après avoir parcouru et critiqué quelques définitions courantes du verbe, les Port-Royalistes proposent une définition minimale du verbe:

Il doit donc demeurer pour constant qu'à ne considerer simplement que ce qui est essentiel au Verbe, sa seule vraye définition est, *vox significans affirmationem*; *un mot qui signifie l'affirmation* (Grammaire II, 13, p. 96; cf. *Logique* II, 2, vol. 2, p. 101).

Les traits accidentels du verbe sont: la personne, le nombre et le temps. Pour les verbes adjectifs (*Grammaire* II, 18, p. 115-116), il faut y ajouter l'attribut qu'ils signifient, c'est-à-dire leur signification lexicale.

Lancelot et Arnauld font remarquer que le contenu sémantique affirmé peut être une affirmation: «*affirmo*» signifie «*j'affirme*» et cette idée «*j'affirme*» est affirmée par l'énoncé même, et plus particulièrement par la capacité illocutionnaire du verbe.

Car quand je dis, *Petrus affirmat, affirmat* est la mesme chose que *est affirmans*: & alors *est* marque mon affirmation, ou le jugement que je fais touchant Pierre & *affirmans*, l'affirmation que je conçois, & que j'attribuë à Pierre. Le verbe *nego* au contraire contient une affirmation & une negation par la mesme raison (*Grammaire* II, 13, p. 98; *Logique* II, 2, vol. 2, p. 101).

---

[40] *Grammaire* II, 13, p. 89 et *Logique* II, 1, vol. 2, p. 97-98. L'affirmation est la principale modalité de notre pensée: «Ainsi les hommes n'ont pas eü moins de besoin d'inventer des mots qui marquassent l'*affirmation*, qui est la principale maniere de nostre pensée, que d'en inventer qui marquassent les objets de nostre pensée» (*Grammaire* II, 13, p. 89-90).

Tout verbe employé à l'indicatif, et utilisé dans une principale, marque donc la présence d'un jugement. On peut schématiser ceci de la façon suivante[41] :

$$\Delta \text{ verbe à l'indicatif (S -RA- P)}$$
$$\text{Donc: «affirmo»} = \Delta \text{ est (ego RA affirmans)}$$

Ce *est* ne peut être nié: dès qu'il y a jugement, le verbe principal marque l'affirmation positive d'un contenu propositionnel. Le verbe *nego* contient ainsi l'affirmation du lien entre *ego* et *negans* (ce dernier mot exprime la négation lexicale contenue dans *NEG-o*).

2.2.1.1. Personne, nombre et genre.

Ensuite, les auteurs de la *Grammaire* discutent deux catégories flexionnelles du verbe (indo-européen): la personne et le nombre (*Grammaire* II, 14, p. 99-102). La première personne permet au locuteur de parler de lui-même, la seconde sert à nommer l'interlocuteur. La troisième personne, qui peut renvoyer à des personnes et à des choses, est considérée comme la forme de base du verbe, exprimant essentiellement l'affirmation.

Pour le nombre (singulier, pluriel, et duel), Lancelot et Arnauld renvoient à l'explication qu'ils ont donnée à propos du nombre des substantifs (*Grammaire* II, 4, p. 36-39), et ajoutent que dans certaines langues orientales (l'hébreu et l'araméen sont explicitement mentionnés) les désinences du verbe marquent non seulement le nombre et la personne, mais également le genre (*Grammaire* II, 14, p. 102).

2.2.1.2. Les temps.

Les auteurs distinguent trois temps simples: le présent, le prétérit et le futur (*Grammaire* II, 15, p. 104-107). À côté de ces temps simples, il y a des temps composés, qui marquent les rapports entre les temps simples:
1. l'imparfait, qui marque le passé par rapport à un présent;
2. le plus-que-parfait, qui marque le passé par rapport à un passé;
3. le futur du passé, qui marque le futur par rapport à un passé[42].

---

[41] Nous utilisons Δ comme signe de l'affirmation effectuée; Ra marque la relation d'être, par laquelle le sujet (ou l'argument) est lié au prédicat (ou foncteur) à l'aide d'une forme de l'indicatif du verbe *être*.

[42] *Grammaire* II, 15, p. 106. Il s'agit plutôt d'un passé par rapport au futur: «Le troisiéme temps composé est celuy qui marque l'avenir avec rapport au passé, sçavoir le futur parfait, comme *coenavero, j'auray soupé*, par où je marque mon action de souper comme future en soy; & comme passée au regard d'une autre chose à venir, qui la doit suivre; comme, *quand j'auray soupé il entrera*».

On auroit pû de mesme adjouster encore un quatriéme temps composé, sçavoir celuy qui eust marqué l'avenir avec rapport au present; pour faire autant de futurs composez, que de preterits composez (*Grammaire* II, 15, p. 106)[43].

2.2.1.3. Les modes.

Il y a deux sortes d'affirmations: les affirmations simples et les affirmations conditionnées et modifiées. Les premières sont exprimées par l'indicatif, les deuxièmes par le subjonctif (*Grammaire* II, 16, p. 107-108).

À côté de l'affirmation, il existe une autre modalité de la pensée, à savoir l'expression de la volonté. Celle-ci peut revêtir plusieurs formes: le souhait (auquel correspond le mode *optatif*), la concession (exprimée par le mode *concessif*), l'ordre (rendu par le mode *impératif*). Quant à l'*infinitif*, celui-ci peut avoir la valeur d'un verbe (par exemple *esse* dans *scio malum esse fugiendum*) ou celle d'un substantif (par exemple «*le boire*»). L'infinitif dans son emploi verbal est comparé au pronom relatif: tous les deux servent à lier des propositions.

Car *scio*, vaut seule une proposition, & si vous ajoûtiez, malum *est fugiendum*, ce seroit deux propositions separées. Mais mettant *esse*, au lieu d'*est*, vous faites que la derniere proposition n'est plus que partie de la premiere, comme nous avons expliqué plus au long dans le ch. 9 du Relatif (*Grammaire* II, 17, p. 112)[44].

2.2.1.4. La classification des verbes.

Après avoir distingué le verbe substantif (*être*) et les verbes adjectifs (qui ajoutent à l'idée d'être la signification d'un attribut; *Grammaire* II, 13, p. 97-98), Lancelot et Arnauld abordent la division des verbes adjectifs.

Ces verbes sont distingués, d'après des critères morphologiques et sémantiques, en:

1. verbes actifs (exprimant une action réelle ou intentionnelle qui «passe» sur un objet);
2. verbes passifs (exprimant le subissement de l'action);
3. verbes neutres: les verbes intransitifs, qui se subdivisent en deux classes:

---

[43] Théoriquement, d'autres combinaisons sont possibles: présent par rapport à un présent (ce qui donne un présent); futur par rapport à un futur («plus-que-futur»); présent par rapport à un passé («présent gnomique»); présent par rapport à un futur; futur par rapport à un passé (le futur du passé).

[44] Pour le participe, le gérondif et le supin, voir *Grammaire* II, 19 et 20, p. 120-125. Le participe, forme adjectivale du verbe, est incapable d'exprimer l'affirmation, tout comme le gérondif et le supin, formes nominales du verbe.

a. ceux qui marquent la qualité, la situation, et le rapport à un lieu et à un attribut;

b. ceux qui marquent une action qui ne passe pas sur un objet.

Dans la deuxième édition (1664) de la *Grammaire*, les auteurs ont ajouté un chapitre sur les verbes impersonnels. Ces verbes, employés à la troisième personne, sont réduits aux verbes neutres et aux verbes passifs.

2.2.2. Les conjonctions et les interjections.

Par «conjonctions», Lancelot et Arnauld entendent non seulement des mots comme «*et*», «*vel*» et «*si*» en latin, mais également des adverbes comme «*non*» et des particules comme «*ergo*». Ces mots ne marquent pas un objet de la pensée, mais ils expriment l'activité de notre esprit qui distingue, nie et réunit, ou bien ils expriment un mouvement d'âme:

> Par exemple, il n'y a point d'objet dans le monde hors de nostre esprit, qui réponde à la particule *non*, mais il est clair qu'elle ne marque autre chose que le jugement que nous faisons qu'une chose n'est pas une autre. De mesme *ne*, qui est en Latin la particule de l'interrogation, *aisne*? Dites-vous? n'a point d'objet hors de nostre esprit, mais marque seulement le mouvement de nostre ame, par lequel nous souhaittons de sçavoir une chose (*Grammaire*, II, 22, p. 138).

Quant aux interjections, celles-ci ne signifient pas des contenus mentaux, mais elles marquent nos sentiments et nos états d'âme (*Grammaire* II, 22, p. 140).

2.2.3. La syntaxe.

Le chapitre consacré à la syntaxe est étonnamment bref (*Grammaire* II, 23, p. 140-147). L'exposé est basé sur la distinction entre la *syntaxe de convenance* et la *syntaxe de régime*. La syntaxe de convenance est la même dans toutes les langues, parce que c'est une «suite naturelle de ce qui est en usage presque partout» (*Grammaire* II, 23, p. 140). À cette syntaxe de convenance appartiennent la concordance en genre et en nombre entre le substantif et l'adjectif qui l'accompagne, et la concordance en nombre et en personne entre les verbes et les noms ou pronoms (sujets). La syntaxe de régime diffère d'une langue à l'autre. La *Grammaire* donne comme exemple l'expression des relations syntaxiques. Celles-ci sont rendues dans certaines langues à l'aide de flexions casuelles, d'autres langues emploient des particules et des prépositions; finalement, il y a des langues qui n'emploient aucun morphème lexical ou grammatical pour exprimer les relations syntaxiques, l'ordre des mots servant à les rendre.

Ensuite, les Port-Royalistes formulent quelques règles générales. Ils font remarquer que:

1. tout nominatif suppose un verbe (qui parfois n'est pas exprimé);
2. tout verbe suppose un nominatif (qui parfois n'est pas exprimé);
3. tout adjectif suppose un substantif (qui parfois n'est pas exprimé);
4. tout génitif suppose un substantif qu'il détermine;
5. la même relation, avec des verbes différents, peut être exprimée par des cas différents ou par des prépositions différentes. Cela est dû au «caprice de l'usage».

Ainsi l'on dit en Latin, *juvare aliquem*, & l'on dit, *opitulari alicui*, quoy que ce soit deux verbes d'aider, parce qu'il a pleu aux Latins de regarder le regime du premier verbe comme le terme où passe son action; & celuy du second, comme un cas d'attribution, à laquelle l'action du verbe avoit rapport (*Grammaire* II, 23, p. 143-144).

Il y a même des exemples de verbes ayant plusieurs constructions:

Ainsi l'on dit en François, servir quelqu'un, & servir à quelque chose (*Grammaire* II, 23, p. 144).

La syntaxe naturelle est ainsi divisée en une syntaxe «généralement naturelle», propre à toutes les langues (syntaxe de convenance) et une syntaxe «idiomatiquement naturelle» (syntaxe de régime). Celle-ci incorpore la syntaxe de convenance et y ajoute des règles spécifiques. La *Grammaire* de Port-Royal pose aussi l'existence d'une syntaxe non naturelle, englobant toutes les déviations par rapport à la syntaxe naturelle, que la tradition grammaticale désigne par le terme de «figures de construction» (*syllepse, ellipse, hyperbate, ...*).

2.3. Le parallélisme établi entre la pensée et la langue permet aux Port-Royalistes de fonder une théorie universaliste, en imposant parfois une distorsion aux données linguistiques. En effet, l'universalisme basé sur la composante sémantique de la grammaire ne rend pas toujours justice à la variété des structures linguistiques. Mais l'importance de la *Grammaire* de Port-Royal — qui n'est ni une grammaire du français ni une grammaire comparée du français et du latin, mais une réflexion grammaticale sur le sémantisme de quelques langues (indo-européennes) — réside dans ce rapprochement unifiant de la *grammaire descriptive* et de la *logique analytique*.

3. Sans doute, la *Grammaire* de Port-Royal occupe une place à part dans l'histoire de la grammaire française, non seulement par l'influence qu'elle a exercée, mais aussi par son contenu, qui la rapproche d'un traité de sémantique générale, fondée sur les catégories grammaticales. Mais d'autre part, l'ouvrage de Lancelot et Arnauld s'insère dans une muta-

tion épistémologique qui, partant de la *philosophia critica* de René Descartes et de la recherche rationnelle d'une méthode rigoureuse, atteint toutes les sciences. La grammaire française du XVIIe siècle, loin d'échapper à cette mutation, l'a recueillie, et a conféré à la méthode une place stratégique dans l'enseignement des langues et dans la description grammaticale.

Jean STÉFANINI
(Université d'Aix-en-Provence)

MÉTHODE ET PÉDAGOGIE DANS LES GRAMMAIRES FRANÇAISES DE LA PREMIÈRE MOITIÉ DU XVIIe SIÈCLE

Quiconque s'intéresse aux grammaires de la première moitié du XVIIe siècle et à leur(s) méthode(s) reste largement, sinon totalement tributaire de l'étude fondamentale de Jean-Claude Chevalier[1]. L'auteur y montre comment Ramus a imposé à ses successeurs sa conception — aristoté-licienne[2] —, de l'ordre et du plan à suivre: «mettre devant ce qui est premier par nature et derriere ce qui est second» (*Scholae Grammaticae*, 14-15; cf. Chevalier, o.c., p. 213) et ainsi dominé l'évolution des grammaires pendant un siècle.

Celle-ci, par ailleurs, s'inscrit dans le cadre d'un débat pédagogique sur l'importance relative de l'usage et de la raison dans une langue et,

---

[1] Jean-Claude Chevalier, *Histoire de la syntaxe. Naissance de la notion de complément dans la grammaire française (1530 1750)*, Genève, Droz, 1968.

[2] Ainsi, le substantif, désignant la substance doit précéder les parties du discours qui en marquent seulement des modifications. Le principe remonte à Aristote et aux aristoté-liciens: un modiste comme Martin de Dacie justifie l'*ordo* non seulement des parties du discours, mais des *modi significandi*, et des catégories grammaticales comme régime, *dictio*, sujet, prédicat, etc. Boèce de Dacie, en revanche rappelle que l'ordre de la connaissance n'est pas nécessairement celui de la nature (*Quaestio* 2) et conteste (*Quaestio* 31) que le nom soit, comme le veut Priscien, la première partie du discours: la substance est première en tant que *res praedicamentalis*, mais le grammairien ne doit pas tenir compte de ce qui ne concerne pas sa discipline (p. 97 et 98 dans l'édition du *Corpus philosophorum danicorum*, Copenhague, Gad, 1961 et 1969). Sur la théorie grammaticale des modistes, voir G. L. Bursill-Hall, *Speculative Grammars of the Middle Ages*, The Hague, Mouton, 1971. Jules-César Scaliger (*De causis linguae latinae*, 1540) commence son ouvrage par l'étude du substantif qui signifie *sub modo substantiae*. Mais en Angleterre, comme en France, c'est Ramus qui a imposé le principe (cf. Chevalier, o.c., p. 438-439 note 84). Cependant c'est «Scaliger le père ... qui a fait de si beaux raisonnements sur la grammaire Latine» que Vaugelas évoque (cf. Chevalier, o.c., p. 466), quand il rejette «l'ordre des parties de l'oraison ... fondé dans la nature». Sur le déclin de l'influence de Ramus en Angleterre (et le retour à Aristote), voir J. L. Trentman, «The Study of Logic and Language in England in the Early 17th Century», *Historiographia Linguistica* 3, 1976, p. 179-201. Sur la grammaire aristotélicienne, voir A. Joly - J. Stéfanini éds, *La grammaire générale. Des modistes aux idéologues*, Lille, Presses universitaires, p. 97-106 (J. Stéfanini, «De la grammaire aristoté-licienne») et p. 107-124 (L. G. Kelly, «La *Physique* d'Aristote et la phrase simple dans les ouvrages de grammaire spéculative»).

partant, dans son apprentissage. Faut-il fixer les formes et leurs emplois dans la mémoire en faisant sans cesse répéter les paradigmes, en faisant apprendre par cœur une phraséologie, des proverbes, relire quotidiennement dialogues et narrations ou, au contraire, s'adresser à l'intelligence, à l'analyse? Chevalier souligne le parallélisme des pratiques en ce domaine, des latinistes et des francisants. Au moment où l'on renonce, pour le latin, à l'enseignement direct, d'«ambiance» du moyen âge et de la Renaissance [3], on aurait pu penser à une distinction entre l'enseignement d'une langue vivante pour lequel séjour dans le pays, pratique de la conversation, intérêt pour les *realia* semblent s'imposer et celui d'une langue morte dont il convient surtout de pouvoir lire les textes, littéraires, médicaux et juridiques [4]. Mais si, en Angleterre, dans le débat entre l'empirisme novateur de Webbe [5] et le rationalisme conservateur de Brookes, ce dernier oppose fortement l'étude des langues vivantes, pour lesquelles le mot renvoie directement à la chose, à celle des langues mortes, dans lesquelles on passe nécessairement par l'intermédiaire de la langue maternelle, allant du mot anglais au mot latin [6], en France, on relève une influence réciproque et une interpénétration des méthodes grammaticales en latin et en français [7]. Pour tous deux, même méthode

---

[3] Voir par exemple J. J. Murphy, «The Teaching of Latin as a Second Language in the 12th Century», *Studies in Medieval Linguistic Thought dedicated to Geoffrey L. Bursill-Hall on the occasion of his sixtieth birthday on 15 May 1980* (= *Historiographia Linguistica* 7: 1/2), p. 159-175.

[4] À nuancer par ce que dit M. Fumaroli (*L'âge de l'éloquence*, Genève, Droz, 1980) sur la permanence d'une grande éloquence latine.

[5] Sa méthode d'enseignement du latin à partir de syntagmes préfigure celle de César Chesneau du Marsais (sur ce dernier, voir l'ouvrage de G. Sahlin, *César Chesneau du Marsais et son rôle dans l'évolution de la grammaire française*, Paris, P.U.F., 1928). Sur Joseph Webbe (c. 1570-1633), voir V. Salmon, «Joseph Webbe: Some seventeenth-century views on language-teaching and the nature of meaning», *Bibliothèque d'Humanisme et Renaissance* 23, 1961, p. 324-340 (réimpr. dans V. Salmon, *The Study of Language in 17th-Century England*, Amsterdam, J. Benjamins, 1979, p. 15-31).

[6] Sur William Brookes (fl. c. 1630), voir V. Salmon, «Problems of Language-Teaching: a discussion among Hartlib's friends», *Modern Language Review* 59, 1969, p. 13-24 (réimpr. dans V. Salmon, *The Study of Language...*, o.c., p. 3-14). À la page 10 (dans la version réimprimée), on lit que, curieusement, Brookes s'appuie sur des arguments sensualistes; la langue vivante parle plus aux sensations «by reason of the sensuality of it [= spoken language]». Faut-il rappeler que toute la pédagogie de Comenius — dont les prédécesseurs anglais ont été étudiés par Salmon — repose sur le lien *mots* — *choses*?

[7] Chevalier, o.c., p. 379: «La grammaire française se développe à l'intérieur de la grammaire latine. Mais il faut ajouter que les langues modernes pèsent de tout leur poids sur l'élaboration d'une théorie des langues, en sorte qu'un jour qui n'est pas lointain, l'orientation de la grammaire latine se définira en fonction des besoins des langues modernes et que, de façon plus générale, sera fondé un comparatisme dans lequel ces langues entreront à parts égales, pour définir des notions clés, comme la notion de nature».

«structurale», mieux justifiée pour une langue flexionnelle comme le latin, avec les mêmes exercices de mémoire : «dans une activité artificielle, les leçons d'un collège, [mimer] une démarche naturelle, l'apprentissage de sa langue» [8]. Le travail préliminaire, celui du maître, du grammairien a consisté à dégager précisément le système des formes, le jeu d'oppositions qui fait fonctionner la langue et auquel il faut exercer l'élève. Mais au fur et à mesure que cet enseignement, surtout en latin, fait une grande place à l'étude des textes, à leur explication, à la *praelectio* [9], à l'analyse grammaticale et augmente ainsi la part de la grammaire et donc du raisonnement aux dépens de l'*usus* et de la répétition,

on passe d'une méthode d'apprentissage par groupements de formes avec jeux de substitutions et de transformations à une méthode fondée sur la détermination de règles simples organisées en système. Cette démarche revient à privilégier les règles de grammaire et leur analyse aux dépens de groupements formels explicités selon des exercices (Chevalier, o.c., p. 397).

Ces lignes écrites à propos de la *Nouvelle Méthode latine* [10] de 1650 laissent présager l'apparition de la *Grammaire générale et raisonnée* [11] qui, «avec génie», a su jeter les bases d'une réflexion renouvelée sur la langue [12].

Sur le plan de la méthode descriptive des langues, les Messieurs de Port-Royal représentent un progrès considérable et indiscuté. Et aussi, au niveau plus modeste de la présentation et de la «lisibilité» de leur grammaire, de la clarté et de la cohérence de l'exposé. Redonner à la phrase sa place fondamentale dans la parole, tenter d'unifier les critères de définition des parties du discours etc., c'étaient sans doute autant d'avancées théoriques importantes et de nouveautés au plan de la méthode linguistique. Certes, pour un rationaliste, donner du système d'une langue une représentation plus cohérente et plus claire, c'est inévitablement en faciliter l'acquisition. Mais personne n'a encore osé dire qu'une description linguistique soit l'image fidèle de la réalité d'une langue et que la lire et l'apprendre, c'est suivre les chemins mêmes qu'ont parcourus ceux qui la parlent comme leur vernaculaire. Chacun est même

[8] Chevalier, o.c., p. 388.

[9] Voir à ce propos Chevalier o.c., p. 390.

[10] *Nouvelle Méthode pour apprendre facilement & en peu de temps la langue latine.* La première édition parut en 1644.

[11] *Grammaire generale et raisonnée Contenant Les fondemens de l'art de parler expliquez d'une maniere claire & naturelle ; Les raisons de ce qui est commun à toutes les langues, & des principales differences qui s'y rencontrent ; Et plusieurs remarques nouvelles sur la langue Françoise*, À Paris, Chez Pierre le Petit, 1660.

[12] Voir Chevalier o.c., p. 399.

persuadé que les voies d'acquisition d'une langue seconde ne peuvent être celles de la maternelle. Les partisans des méthodes les plus modernes, les théoriciens et les praticiens des laboratoires les plus perfectionnés reconnaissent souvent en privé que les résultats obtenus ne sont pas toujours et en toute circonstance nettement supérieurs à ceux des méthodes «traditionnelles». Que les Messieurs aient progressé dans la théorie linguistique, qu'ils aient obtenu de brillants succès pédagogiques (avec un nombre réduit d'élèves!) qui oserait le contester? Mais qui pourrait affirmer qu'après eux et grâce à eux, on ait mieux, plus rapidement et plus efficacement appris le français? Pour le siècle suivant, Sylvain Auroux doit constater:

> Pour Port-Royal, la grammaire est l'art de parler, pour l'*Encyclopédie*, c'est la science de la parole écrite ou parlée (...) Entre les deux, l'idée a été acquise que la grammaire générale ne pouvait servir pour l'apprentissage d'une langue; de l'art, elle n'a donc pas le but pratique: ne lui reste que l'universalité de la science (*La sémiotique des Encyclopédistes*, Paris, Payot, 1979, p. 19-20).

Ainsi se trouvent nettement distinguées méthode scientifique de description d'une langue et méthode pratique, pédagogique, le problème désormais étant seulement de savoir si et dans quelle mesure la seconde peut utiliser les résultats de la première. Chevalier étudiant la lente élaboration de la notion de *complément* dans la grammaire française s'est naturellement attaché à suivre les progrès théoriques, même s'ils ne se dégagent que lentement et par tâtonnement, de la pratique enseignante. Qu'il· nous soit permis ici de relire les plus célèbres des grammaires françaises destinées à l'enseignement du français langue étrangère pour tenter d'en évaluer la valeur pratique et, dans la mesure du possible, de retrouver à travers elles, une méthode pédagogique, les sentiers plus ou moins sinueux d'un apprentissage dont rien ne permet de penser qu'il fut moins fécond qu'à d'autres époques, apparemment plus favorisées sur le plan des méthodes scientifiques et descriptives. Nous analyserons successivement la grammaire de Maupas [13], revue par Oudin [14], et celle du P. Chiflet [15].

---

[13] *Grammaire Françoise, Contenant reigles tres certaines et addresse tres asseuree à la naïve connoissance & pur usage de nostre langue: En faveur des estrangers qui en seront desireux*, À Bloys, Philippes Cottereau (rééditions: en 1618, sous le titre *Grammaire et syntaxe Françoise*; en 1623, sous le titre *Grammatica et syntaxis Gallicae*; 1625; 1632; 1638; traduction anglaise en 1634). À partir de 1625, l'ouvrage a été réédité par Charles Maupas fils. Sur Maupas et Oudin, voir E. Winkler, *La doctrine grammaticale française d'après Maupas et Oudin* (*Beihefte zur Zeitschrift für Romanische Philologie*, 38), Halle, Niemeyer, 1912.

[14] *Grammaire Françoise, rapportée au langage du temps*, Paris, Chez Pierre Billaine. Rééditions en: 1633, 1636, 1640, 1645, 1646, 1648 et 1656.

[15] *Essay d'une parfaite grammaire de la langue françoise Ou le lecteur trouvera, en bel*

Maupas donne dans ses préfaces successives tous éclaircissements sur sa personne et ses intentions : chirurgien à Blois, il enseigne aussi la langue française «à maints Seigneurs & Gentils-Hommes de diverses Nations». Praticien, il fixe à sa grammaire le seul rôle d'adjuvant, d'aide-mémoire que lui assigne la méthode si bien décrite par Chevalier et dans laquelle exercices, apprentissage des paradigmes, lecture des «colloques» tiennent le rôle majeur. Aussi bien l'a-t-il publiée seulement parce qu'en circulent des exemplaires manuscrits et «aux prieres & suasions de plusieurs Gentils-Hommes de bon esprit» (préface 1607). En 1625, il précise qu'il n'a pas «espluché» «les Grammaires & institutions de cette langue qu'autres pourroient avoir mises en avant». Certes le temps n'est plus où un Du Wez pouvait accuser — à tort — un Palsgrave d'enseigner une langue qu'il connaissait mal [16]. Mais cette langue est alors en pleine transformation, va, en quelques décennies, passer du moyen français, de sa richesse, de son foisonnement à la pureté classique et au français moderne. Il faut donc en observer la pratique quotidienne et les changements, discerner ce qui se dit, ne se dit plus, ne se dit guère, ce qui «vieillit» ou ce qui naît. Écrire une grammaire du français à cette date, ce n'est pas seulement, comme en d'autres temps, présenter de la façon la plus claire, la plus simple et la plus cohérente un usage et des règles solidement établis et reconnus de tous, mais c'est encore découvrir cet usage, confronter la doctrine d'hier, celle d'un Meigret, d'un Ramus, d'un Estienne à la réalité du jour. Ainsi l'élève aura-t-il parfois le sentiment de participer avec son maître à une découverte, à l'établissement ou à la modification de la règle à apprendre et à appliquer. Recherche et apprentissage vont en quelque sorte de pair.

Les mérites d'observateur et de descripteur de Maupas, indéniables,

---

ordre, *tout ce qui est de plus nécessaire, de plus curieux, & de plus elegant, en la Pureté, en l'Orthographe, & en la Prononciation de cette Langue*, Anvers, Chez Jacques Van Meurs (il s'agit d'une édition posthume, l'auteur étant mort en 1658). Rééditions en : 1664, 1668, 1675, 1680, 1681, 1683, 1692, 1697 ; l'ouvrage a également été publié sous le titre *Nouvelle et parfaite grammaire françoise, Ou se voit en bel ordre tout ce qui est de plus nécessaire, de plus curieux & de plus elegant, en la Pureté, en l'Orthographe, & en la Prononciation de cette langue.* Sur Chiflet, voir J. Hanse, «La contribution belge à la définition du bon usage», *Cahiers de l'Association internationale des études françaises* 14, 1962, p. 25-37, et P. Swiggers, «Le pronom relatif chez Chiflet», *Le Français moderne* 50, 1982, p. 140-143.

[16] La grammaire de Giles Du Wez (*An Introductorie for to lerne, to rede, to pronounce and to speke French trewly, compyled for the right high, excellent and most vertuous lady The lady Mary of Englande, daughter to our most gracious soverayn Lorde Kyng Henry the Eight*, London, 1532, réimpr. anastatique chez Slatkine, Genève) a paru en 1532, deux années après la grammaire de John Palsgrave (*Lesclarcissement de la Langue Francoyse compose par maistre Jehan Palsgrave, Angloys natyf de Londres et gradue de Paris*, London, 1530).

ont été reconnus notamment par Ferdinand Brunot. Étudiant la «création de la langue classique» de 1600 à 1660 [17], pour le premier stade, il se fonde pour une large part sur notre grammairien [18], reconnaissant au fils Charles Maupas un peu des mérites du père. Si Malherbe demeure l'autorité incontestée de sa génération, son enseignement se limite au refus de mots et de tours, au mieux à quelques formules aussi brèves que péremptoires. Son enseignement ne passera sous forme véritablement grammaticale que dans la *Grammaire* anonyme publiée à Lyon en 1657 [19]. C'est donc Maupas qui fournit la plupart des formules et des explications sémantiques. Ainsi, de l'article, «il comprend... et définit l'utilité de façon remarquable» (F. Brunot, *Histoire de la langue française*, tome III, deuxième partie, p. 422) et fournit les règles d'emploi devant les noms propres ou les abstraits (ibid., p. 424-425) ou comme partitif (ibid., p. 432). Bien avant Port-Royal, il a reconnu en *que* ainsi qu'en tous autres relatifs un «déterminatif discrétif» [20], c'est-à-dire distingué les relatives déterminatives des explicatives. Il est inutile ici de répéter ce qu'a fort bien dit Ferdinand Brunot qui constate souvent l'accord de Malherbe et Maupas [21] et souligne la «netteté» des remarques du dernier [22].

Maupas était sans doute pleinement conscient des mérites de sa rédaction et de ses qualités de style. S'il a écrit sa grammaire en français, alors qu'«il y en a eu assez qui eussent trouvé meilleur que je l'eusse escrite en langue latine», c'est d'abord pour se conformer à l'usage des plus fameux grammairiens antiques «qui tous ont escrit en leur langue», ensuite pour pouvoir être lu même des non-latinistes — Maupas a appris le français à beaucoup de gens qui ne l'étaient pas — et enfin, pour fournir à tous un livre «de lecture et prononciation de la langue, l'intelligence, la phrase, & le style avec les reigles & preceptes», faisant ainsi «d'une pierre plusieurs coups» [23]. Qu'on ne se choque pas de le voir user sans vergogne, malgré ces déclarations de principe, d'une

---

[17] F. Brunot, *Histoire de la langue française des origines à nos jours*. Tome III: *La formation de la langue classique 1600-1660* (rééd. Paris, A. Colin, 1966), deux parties.

[18] Brunot tient compte des éditions de 1607, 1618, 1625, et même de celle de 1638.

[19] *Grammaire françoise avec quelques remarques sur cette langue selon l'usage de ce temps*, Lyon, Michel Duhan.

[20] *Grammaire Françoise*, o.c., 1607, p. 53-54; cf. Brunot, *Histoire de la langue française*, o.c., tome III, deuxième partie, p. 423, note 1.

[21] Cf. Brunot, o.c., p. 429, 433, 434, 494.

[22] Cf. Brunot, o.c., p. 477 (sur la nécessité de l'emploi du pronom sujet en l'absence de nom pour tenir ce rôle).

[23] *Grammaire et syntaxe Françoise*, 1618, Epistre («A Tous Seigneurs et Gentils-Hommes, d'autre langue & païs, amateurs de la langue Françoise»), p. ẽ recto et verso.

terminologie latine ou confronter tours français et tours latins. Il n'écrit pas pour autant une grammaire *comparée* comme disent Balibar et Bourdieu, — contrastive pour ceux qui ne professent pas leur mépris pour la grammaire comparée, cette voie royale de la linguistique —, préparant à l'apprentissage du latin à partir du français ou vice versa : en fait, c'est la seule terminologie alors disponible, utilisée depuis plus de dix siècles, de Priscien à Sanctius, en passant par les modistes. Quiconque, au XVIIe siècle, avait reçu un enseignement grammatical, pour quelque langue que ce fût, savait ce qu'il fallait entendre par *nominatif* (combien d'élèves ont usé du mot, qui n'avaient jamais fait de latin !). On pourrait s'étonner davantage de le voir énumérer ainsi les emplois de «*à* + infinitif» en français : après

les noms signifians commodité, utilité, aptitude, ou au contraire, Nuisance & incommodité... et où le Gerondi en *Do Latin* seroit souvent employé, ou la preposition *Ad : diligent à chercher son profit* ...
   Plus avec le verbe Substantif devant quelque infinitif nous exprimons une puissance non reduite à effect, ou un besoin. *une maison à loër. une fille à marier. Ce qui est fait n'est pas à faire* (*Grammaire et syntaxe Françoise*, 1618, fo 151).

Mais s'intéresser aux non-latinistes, ce n'est pas renoncer à enseigner les latinistes, à leur montrer les cas, plus rares, où l'on peut user en français de la proposition infinitive (*Grammaire et syntaxe Françoise*, 1618, fo 153). C'est de la même façon qu'il apprendra aux germanophones ou aux anglophones à ne pas abuser de l'imparfait :

comme ils diront. *J'allois hier voir Monsieur, lequel me faisoit bien gracieux accueil. Et me prioit de demeurer avec luy*, au lieu de dire. *J'allay hier voir Monsieur qui, me fit... & me pria...* (*Grammaire et syntaxe Françoise*, 1618, fo 135).

Et il fournit de la valeur des temps une description fondée sur le seul français, qu'il améliore en 1618 et pour laquelle il trouve souvent un rare bonheur d'expression :

l'imparfait s'attache à une duree & flux de temps estendu en l'acte qui se faisoit lors dont on parle & n'estoit encor parachevé... les Grecs ont appellé l'imparf. *Temps extensif*. Et les Latins, & nous à leur imitation, *Temps passé imparfait*. Et de fait, le temps est bien passé : mais l'acte n'estoit pas encor parfait en ce temps là. Prenez bien ce point : ja-soit qu'il puisse y avoir long temps que la chose soit passée & accomplie, toutesfois ce temps imparf. ramene & remet l'entendement de l'auditeur à l'instant courant, lors que la chose se faisoit, & n'avoit encor atteint sa fin & perfection (*Grammaire et syntaxe Françoise*, 1618, fos 135-136).

Découvrant le «secret caché» (selon Henri Estienne) [24] dans l'emploi des

---

[24] Cf. Brunot, o.c., p. 582.

J. STÉFANINI

passés simple et composé, il justifie d'abord la dénomination de *défini* et d'*indéfini* d'après Meigret — qu'il a bien dû lire —, pour qui *je vis* «dénote l'action ou passion un peu plus parfaite [sc. que celle exprimée par l'imparfait] duquel toutesfois le temps n'est pas bien déterminé de sorte qu'il dépend de quelque autre comme *je vis le Roe lorsqu'il fut coroné*»[25], constatation distributionnaliste (le passé simple s'accompagne souvent d'une détermination temporelle) que Maupas complète par une définition sémantique dans laquelle il regroupe *je vis* et *j'eus vu*, d'une part et *j'ai vu* et *j'ai eu vu*, de l'autre[26] : les premiers

inferent tous-jours un temps piéça passé, & si bien accompli qu'il n'en reste aucune partie à passer. Et à cette cause requiérent une prefixion & prenotation de temps auquel la chose dont on parle soit advenue, & c'est la raison pourquoy ie les appelle *Definis*.

Les indefinis signifient bien un acte du tout fait & passé, mais le temps non si esloingné qu'il n'en reste encor quelque portion à passer. Ou s'il est du tout passé & fini, il n'y a point eu de prefixion au propos, point de nomination de temps (*Grammaire et syntaxe Françoise*, 1618, f° 137).

Comprenez que sans indication temporelle on dira : *le Roy a obtenu victoire de ses ennemis, puis leur a pardonné*; avec indication de temps : *l'an 1590 le Roy obtint victoire de ses ennemis* (et Maupas souligne la valeur «historique», narrative de ce passé défini); mais si le temps indiqué évoque une période encore en cours, il faut l'indéfini : *de nostre siecle sont advenuës choses memorables*, ou encore quand nous limitons «quelque chose par les parties de nostre aage. *En ma jeunesse, Durant mon enfance … j'ay fait, j'ay dit …*». Enfin, avec un complément de temps, mais sans division «il sera souvent indifferant duquel nous usions defini ou indefini. *Revenant d'Italie ie passay, ou ie suis passé par Lion*». Inutile de souligner après Brunot (*Histoire de la langue française*, tome III, deuxième partie, p. 582), l'exactitude de la description et sa supériorité sur la *règle des 24 heures*, purement référentielle, que favorisera une lecture superficielle des *Sentimens de l'Académie sur le Cid*[27].

On comprend le succès de la grammaire de Maupas et le désir

[25] Nous citons d'après la version modernisée due à F.J. Hausmann, *Le traité de la grammaire française (1550) de Louis Meigret*, Tübingen, G. Narr, 1980.

[26] Sur les temps surcomposés, voir M. Cornu, *Les formes surcomposées en français* (*Romanica Helvetica*, 42), Bern, Francke, 1953, et J. Stéfanini, «La tradition grammaticale française des temps surcomposés», *Annales de la Faculté des Lettres d'Aix-en-Provence* 28, 1954, p. 67-108.

[27] Cf. Y. Galet, *Les corrélations verbo-adverbiales fonction du passé simple et du passé composé et la théorie de l'énonciation dans la phrase française du XVIIe siècle*, Lille, Atelier reproduction, 1977.

d'Antoine Oudin de l'augmenter et de la remettre à jour, «y ayant recogneu force antiquailles à reformer, & beaucoup d'erreurs à reprendre». Ce qui était, en somme, constater l'évolution rapide de la langue. Mais avec elle changeait aussi le goût du public qui ne saurait plus souffrir «une confusion de discours repetez, obscurs, & pedantesques»[28]. La rigueur scientifique — le mot n'est pas trop fort — de Maupas exigeait que l'observation notât les changements dans la langue décrite. Mais dans l'exposition, se faisait désormais sentir une exigence de clarté, de concision et même d'élégance. Le style de Maupas dans son pittoresque et ses trouvailles sentait encore son Amyot. Oudin pressent les tendances classiques. Ce n'est plus un simple praticien comme Maupas, riche de sa seule et longue expérience et de son sens de sa langue. Oudin, officier royal, interprète officiel, non seulement est en contact avec la Cour dont le prestige linguistique ne souffre désormais plus de rival, mais comme traducteur exerce son activité dans le domaine où se forge alors le style (on sait que pendant longtemps les traductions seront considérées comme les meilleurs modèles pour la prose[29] et l'occasion de débats théoriques sur le génie des langues de départ et d'arrivée).

Au souci de rajeunir la grammaire de Maupas, on attribuera des remarques comme celle qui exclut définitivement *ce suis-je* (*Grammaire Françoise*, 1640, p. 111), encore toléré par Maupas (*Grammaire et syntaxe Françoise*, 1618, f° 70), ou toutes les modifications apportées aux listes de verbes classés en transitifs, neutres ou admettant les deux constructions, ou construits avec *à/de* (cf. Brunot, *Histoire de la langue française*, tome III, deuxième partie, p. 537-550), aux listes de noms employés seulement au pluriel ou y prenant un sens différent du singulier (cf. Brunot, o.c., p. 459-461). De même Oudin est très attentif au changement de genre de certains noms ou à sa fixation après un temps d'hésitation (cf. Brunot, o.c., p. 441-453). Il considère comme vieilli l'emploi de *y* pour les personnes (*Grammaire Françoise*, 1640, p. 131), de *soi* avec les formes impersonnelles du verbe (*Grammaire Françoise*, 1640, p. 104), de tours comme *le mien cœur* ou *le cœur mien* (*Grammaire Françoise*, 1640, p. 120), de *lequel* au lieu de *qui* (*Grammaire Françoise*, 1640, p. 129) ou de *qui* interrogatif pour *quel* (*Grammaire Françoise*, 1632, p. 134). Il constate les progrès de l'indicatif après *croire* (*Grammaire Françoise*, 1640, p. 192).

[28] *Grammaire Françoise*, 1632, «Aux Curieux», p. ã iij.
[29] Cf. R. Zuber, *Perrot d'Ablencourt et ses «belles infidèles». Traduction et critique de Balzac à Boileau*, Paris, Les Presses du Palais Royal, 1968.

En revanche, c'est par souci de généralité qu'à la remarque de Maupas qu'avec *tout*, l'article devenait nécessaire (même *toute nuit* devait céder la place à *toute la nuit*, *Grammaire et syntaxe Françoise*, 1618, f° 54), Oudin substitue la «règle générale» [30] :

L'usage de l'adjectif *tout* est assez remarquable qui se lie avec son substantif par le moyen de l'article definy en ceste sorte: *tout le monde*: *toute la terre*: & lors il se rapporte à *totus*: mais embrassant generalement une espece en la signification d'*omnis*, il rejette ledit article: par exemple *tout homme est sujet*: *toute femme est prompte*: pour le plurier il semble indifferent (*Grammaire Françoise*, 1640, p. 60-61).

Brunot constate, après avoir résumé la doctrine de Maupas sur l'emploi des modes après les relatifs: «Oudin ne fait que répéter, en l'abrégeant, cette théorie (*Gr.*, 191)» (*Histoire de la langue française*, tome III, deuxième partie, p. 565). Au contraire, Maupas ayant dit que *cela* ou *ceci* peuvent servir d'antécédent à *que*, «mais non si fluidement» (*Grammaire et syntaxe Françoise*, 1618, f° 69) que *ce*, Oudin complète la remarque: ils deviennent parfaitement acceptables, précédés d'une pause: *c'est bien cela, que je vous avois mandé* (*Grammaire Françoise*, 1640, p. 111) [31].

Ce n'est pas le lieu de dire, après Brunot, quel excellent artisan de la langue classique fut le continuateur de Maupas: Brunot qui n'aimait guère Vaugelas a pris un malin plaisir à souligner que nombre de remarques de ce dernier sont déjà formulées par Oudin. Nous voudrions plutôt souligner comment le souci de corriger dans son modèle forme et fond, exactitude de la description et clarté de la présentation sont inséparables chez lui et donnent sans doute la meilleure image possible d'une grammaire pré-classique.

Du classicisme l'*Essay d'une parfaite grammaire françoise* retient l'idée caractéristique de perfection, même si la modestie oblige le P. Chiflet à faire précéder l'adjectif d'un terme plus modeste, mais illustré par un penseur longtemps cher à son ordre. C'est en tout cas l'œuvre d'un professionnel et qui bénéficie d'une longue tradition pédagogique. Elle se manifeste tout au long de l'ouvrage: de la typographie distinguant ce qui doit être lu de tous et ce qui est réservé à ceux «qui sçavent desja la Langue», à l'explication préliminaire de la nomenclature grammaticale pour les non-latinistes. De même sont expliqués les noms des modes (*Essay*, 1659, chap. IV, sect. I, §4), justifiée la distinction traditionnelle

[30] Cf. Brunot, o.c., p. 428.
[31] Oudin n'est pas toujours aussi heureux dans sa révision: pour les impersonnels passifs, alors que Maupas, «cet excellent grammairien voit déjà combien il est vain d'essayer de ramener la construction impersonnelle à la construction ordinaire» et d'en rechercher «le sujet logique» (édit. de 1607, p. 267), «Oudin s'est embrouillé ici, il est très obscur (*Gr.*, 248)»; voir Brunot, o.c., p. 256.

entre impersonnels actifs et passifs (ces derniers équivalent aux formes passives du latin: *dicitur*, *pugnatur*, «on dit, on combat», *Essay*, 1659, chap. IV, sect. VII, §3); invoquée l'étymologie, à tort, pour rendre compte du tour *sens dessus dessous* (*Essay*, 1659, chap. V, sect. III, §22), mais plus justement, pour limiter l'emploi de *chez* (latin *casa*) aux cas où il s'agit de «la maison, où quelcun fait sa demeure» (*Essay*, 1659, chap. IV, sect. III, §4).

Sa manière d'enseigner la morphologie révèle une longue pratique: il commence pour les adjectifs par les plus «faciles», ceux qui, de genre commun, ont même forme au masculin et au féminin; conseille de former les imparfaits à partir de la première personne du pluriel de l'indicatif présent: sur *nous av-ons, j'av-ois*, sur *nous puniss-ons, je puniss-ois*, etc.; le futur indicatif de la première conjugaison sur l'infinitif: *aimer / aimer-ay* etc. (*Essay*, 1659, chap. IV, sect. V, §§1 et 3); il reprend le meilleur des définitions sémantiques antérieures des valeurs temporelles, en simplifiant:

> Le Preterit Defini n'est jamais employé, quand on parle du mesme jour, ou du mesme mois, ou de la mesme année: ou enfin du mesme temps, qui est encore en course: comme qui diroit; *Aujourdhuy matin ie fus bien en peine: Cette année nous eusmes de bons succés*. Un tel langage est inconneu à toute la France. Il faloit dire; *Aujourdhuy i'ay esté bien en peine. Cette année nous avons eu de bons succés*. Mais on dit fort bien. *Hier ie fus bien en peine: l'an passé nous eusmes une belle recolte & c*. Le Preterit Indefini se peut dire de toute sorte de têps passé. *Hier i'ay bien soupé: & aujourdhuy i'ay mal disné* (*Essay, 1659, chap. IV, sect. VIII*, §1).

Comme beaucoup d'autres enseignants du français à cette date il connaît bien les risques de confusion entre termes presque semblables, l'irré-gularité des composés du français: *embarquer/débarquer, embarrasser/débarrasser*, mais *ennuyer/désennuyer, ensorceler/désensorceler* (*Essay* 1659, chap. IV, sect. XI, §§1, 4 et 21). Il fait un plus large usage de la grammaire contrastive que ses devanciers, s'appuie sur l'expérience du neutre qu'ont les Flamands avec «beaucoup de Noms de ce genre... [marqués] par l'article *Het*» (*Essay* 1659, chap. II, sect. I, §4), les encourage en notant que l'imparfait du français ne connaît «qu'une seule terminaison en *ois*: au contraire de la langue Flamande, en laquelle presque tous les Imparfaits sont irreguliers» (*Essay* 1659, chap. IV, sect. V, §1). Curieusement, il ne les met pas en garde contre le solécisme *ie m'ay trompé*, ni les Allemands ou les Anglais, mais «ceux de certaines Provinces» (*Essay*, 1659, chap. IV, sect. I, §7). Les Provençaux sont nommément désignés pour ne pas mettre *il* devant les impersonnels (*Essay*, 1659, chap. IV, sect. VII, §3). Il constate que, comme le français, italien, espagnol et allemand forment leur passif à l'aide du «verbe auxiliaire substantif, *Ie suis*» (*Essay*, 1659, chap. IV, sect. IV), que les Espagnols abusent du prétérit parce que «en leur langue on le peut fort bien employer, en parlant du mesme jour auquel a été fait ce que l'on raconte... *Yo comi esta mañana en casa de mi amigo*» (*Essay*, 1659, chap. IV, sect. VIII, § 4), qu'Allemands et Flamands ont tendance à réduire notre optatif (= subjonctif et conditionnel de la terminologie scolaire, codifiée plus tard) aux seules formes en -*rois*, dont ils possèdent l'équivalent (*Essay*, 1659, chap. IV, sect. VIII, § 5).

Ce souci de se mettre à la portée de tous ne diminue en rien les prétentions de notre auteur qui se soumet modestement à la Censure de «Messieurs de l'Académie», mais ajoute que

il pourroit bien arriver, que de plus sçavants que moy apprinsent icy quelque chose, quand ce ne seroit qu'à former les Regles du langage plus exactement & plus judicieusement (*Essay*, 1659, Préface Au lecteur).

Il convient de ne pas sous-estimer cette exigence méthodologique. Elle suffit à faire de lui tout autre chose qu'un partisan de l'usage et un thuriféraire de Vaugelas. Certes, il l'accable d'éloges dans sa préface et ne lui ménage pas les compliments à l'occasion[32], mais il ne faut pas se tromper à son apparente bonhomie. Non seulement il raille des grammairiens comme Martin ou Irson, mais même «un certain Grammairien, qui a composé une Grammaire assez bonne & la meilleure de toutes celles que i'ay pû voir» — il s'agit d'Antoine Oudin — se voit reprocher «cette Regle si generale: *Les adiectifs de loüange, blasme, quantité, & de bonne ou mauvaise condition & qualité, se mettent devant le substantif*» en ces termes:

Certes il paroit bien que cet honneste homme, & que i'estime beaucoup, n'avoit pas l'experience qu'il faut avoir pour estre bon Grammairien. S'il eust enseigné, la langue Hebraique, la Grecque & la Latine, il se fust rendu plus capable de bien former des regles. Il eust appris que la regle doit estre plus generale que ses exceptions: en quoy celle-cy manque enormement: veu que pour une vintaine de tels adiectifs, qui doivent aller devant les substantifs, il y en a plus de cinq cents, qui vont aprés (*Essay*, 1659, Seconde partie, Troisieme Traité, p. 243-244).

On conçoit que Vaugelas, bon témoin de l'usage de la Cour, ne soit pas pour autant considéré comme un véritable grammairien. Non seulement

[32] Il s'indigne en lisant dans Irson «du temps de Mr de Vaugelas» (Claude Irson, *Nouvelle methode pour apprendre facilement les principes et la pureté de la langue françoise, Contenant plusieurs traitez De la Prononciation, De l'Orthographe, De l'Art d'Ecriture, Des Etymologies, Du Stile Epistolaire, & Des Regles de la belle façon de Parler & d'Ecrire*, Paris, 1656, p. 107): «ne diriez vous pas qu'il y a quarante ou cinquante ans que M. de Vaugelas est mort» (*Essay*, 1659, IV, XI, 1). Après la dure critique que nous avons citée, il ajoute: «ces petits defauts, en les vetilles de Grammaire, n'empesche pas que ie n'estime M. de Vaugelas jusques à l'admiration» (*Essay*, Seconde Partie, Traité Premier, sect. VII, p. 215).

Chiflet conteste en fait souvent ses décisions (*Essay*, 1659, chap. IV, sect. XI, § 2; chap. V, sect. III, § 2, etc.) ou constate qu'il n'observe pas ses propres règles (*Essay*, 1659, chap. VI, sect. III, § 1), mais quand il écrit à propos des grammairiens

quelques-uns s'embroüillent, en cherchant le vray point de l'étendüe & des limites de la Regle qu'ils veulent establir : & après s'estre bien debatus, desesperant d'en voir le fond, ils vous renvoyent à l'usage. D'autres fondent leurs preceptes sur quelque petit nombre d'exemples, qui leur viennent en l'esprit, sans examiner plus avant ce qui est de l'usage contraire, dans le reste de la Langue : & par ce moyen ils forgent des Regles plus fausses que vrayes (*Essay*, 1659, Préface Au lecteur),

il vise directement Vaugelas. Au numéro 24 de la septième section du Premier Traité (*Essay*, 1659, Seconde partie, p. 212) celui-ci voit passer au crible les erreurs de sa remarque sur la prononciation des consonnes finales; par exemple celle qui posait que «*l'f se mange : on dit, un œuf de pigeon, sans prononcer l'f*»:

N'est-ce pas une pitié que pour un œuf de pigeon, qui luy est venu en pensée, il se soit oublié de plus de six-vingts mots, qui sonnent leur *f* finale : comme, *chef*, *fief*, *pensif*, & c. si l'on faisoit beaucoup de regles semblables, & qu'on les gardast, nostre langue auroit bien-tost changé de face.

Cette exigence de rigueur, cette juste critique de règles fondées sur quelques exemples qui appellent autant de contre-exemples évoquent l'exigence cartésienne de dénombrements complets et, à plus longue échéance, les principes générativistes (et les manquements qu'y apportèrent les premiers générativistes eux-mêmes). Cela prime à nos yeux des mérites non négligeables : un usage fondé non seulement sur le parler de la cour, mais aussi sur les grands écrivains et les autorités linguistiques, un certain intérêt pour les tours populaires, le sens de l'étude distributionnelle, par exemple pour la description des clitiques (*Essay*, 1659, chap. III, sect. II, § 3), et une approche qu'on pourrait dire onomasiologique de certaines catégories comme les diminutifs (*Essay*, 1659, chap. II, sect. VIII).

Faut-il résumer l'évolution des grammaires à l'usage des étrangers en disant avec Jean-Claude Chevalier [33] que «l'information s'accroît, mais point le besoin de systématisation»? L'incontestable progrès théorique représenté par Port-Royal ne devrait pas faire oublier:
1) que chaque époque a non seulement comme disait Meillet, la grammaire de sa philosophie, mais son style : Maupas évoque encore assez bien le goût humaniste des recensements, l'enthousiasme devant la

---

[33] Chevalier, o.c., p. 487.

richesse et le jeu subtil du langage. Il a sans doute su les inspirer à ses élèves : l'effort, la mémorisation des règles de détail les plus infimes leur semblaient, comme aux hellénistes du siècle précédent, le prix normal de l'acquisition d'une langue ;

2) que, pour simplistes que soient parfois les vues de Daniel Mornet [34], l'influence de la rhétorique (Chiflet invoque parfois l'autorité de Bari) accroît le besoin d'ordre et de clarté, même dans la grammaire de Chiflet ;

3) mais ne fait pas oublier l'importance de l'érudition, ni, depuis Descartes, celle d'une méthode qui n'est plus seulement exposé ordonné du savoir, mais procédé de découverte et exigence d'exhaustivité. Nombre d'élèves ont sans doute assuré à Chiflet son long succès, parce qu'ils trouvaient chez lui une doctrine ferme et un exposé qui se voulait complet ;

4) que le succès reste le critère fondamental pour un praticien. Le théoricien a besoin de la notion de phrase telle que Port-Royal l'introduira dans la grammaire, non le praticien. Toute langue a la syntaxe de sa morphologie. Celle-ci une fois connue, l'élève ne saurait s'exprimer autrement qu'en phrases (certes plus ou moins régulières et harmonieuses !). Et pour l'apprentissage des formes, quelle théorie peut remplacer l'effort de mémoire ? Le désordre apparent de la présentation de Maupas, Oudin, Chiflet ne correspondait-il pas mieux aux habitudes du temps, au jeu mystérieux des associations d'idées, des chaînes mémorielles ? Qui peut assurer qu'une présentation rationnelle de formes, de structures grammaticales les fera nécessairement mieux retenir et comprendre qu'une série de règles de détail auxquelles s'attachent tels souvenirs amusants, telle inflexion de voix, telle particularité typographique ? Sauf erreur de notre part, Maupas et Oudin accordent encore plus à la mémoire, à l'enseignement oral que Chiflet dont les références précises, les renvois constants s'adressent à l'œil et annoncent l'érudition scrupuleuse qui, chez Beauzée [35], s'allie si heureusement au rationalisme. En tout cas, tout prouve le succès pédagogique des trois grammaires évoquées ici.

[34] D. Mornet, *Histoire de la clarté française*, Paris, Payot, 1929.

[35] N. Beauzée, *Grammaire générale ou exposition raisonnée des éléments nécessaires du langage, pour servir de fondement à l'étude de toutes les langues*, Paris, Barbou, 1767 (nouvelle édition, avec une introduction par B.E. Bartlett, Stuttgart-Bad Cannstatt, Frommann & Holzboog, 1974). Voir également les différents articles grammaticaux que Beauzée a contribués à l'*Encyclopédie* de Diderot et d'Alembert ; ces articles ont été réunis dans l'*Encyclopédie méthodique : Grammaire et littérature* (éditeurs : Beauzée et Marmontel), Paris-Liège, Panckoucke et Plomteux, 1782-1786, 3 volumes.

Michel LE GUERN
(Université Lyon 2)

LA MÉTHODE
DANS *LA RHÉTORIQUE OU L'ART DE PARLER* DE BERNARD LAMY

Qu'il s'intéresse au langage, aux mathématiques, à la philosophie ou à l'exégèse, l'historien de la vie intellectuelle de la fin du XVIIe siècle et du début du XVIIIe siècle rencontre, presque à chaque pas, le nom de Bernard Lamy. Bernard Lamy, né en 1640 au Mans, entre à l'Oratoire en 1658 ; il y rencontrera Richard Simon, il y nouera des liens d'amitié avec Malebranche. De 1661 à 1668, il est régent d'humanités à Vendôme, puis à Juilly. De 1671 à 1675, il enseigne la philosophie à Saumur et à Angers. Pour avoir diffusé par son enseignement à Angers la philosophie de Descartes, Lamy est exilé par un ordre du roi à Saint-Martin-de-Miséré, près de Grenoble. De 1676 à 1686, il enseigne la théologie au séminaire de Grenoble. En 1686, il vient s'installer au séminaire de Saint-Magloire à Paris, qu'il devra quitter en 1689 pour un nouvel exil, à Rouen cette fois, le Supérieur général de l'Oratoire, Abel-Louis de Sainte-Marthe, le punissant par là de ses innovations en exégèse. Il meurt à Rouen le 29 janvier 1715 [1].

Fervent disciple de Descartes et ami de Malebranche, l'oratorien Bernard Lamy a consacré une grande partie de sa vie à l'enseignement : c'est dire que les deux types de préoccupations que recouvre le terme de *méthode* à la fin du XVIIe siècle, l'organisation rationnelle de la didactique et la recherche systématisée des connaissances, se rencontrent sans cesse tout au long de son itinéraire intellectuel. Dans la France de l'âge classique, les traités de rhétorique du courant traditionnel ne font pas une grande place aux soucis de méthode, tout au moins avant Rollin, dont le second volume du traité *De la manière d'enseigner et d'étudier les belles-lettres* (1726) peut être considéré comme une rhétorique : et Rollin lui-même ne se préoccupe guère que de la composante pédagogique de la méthode. L'importance donnée à la méthode, aux deux versants de la

---

[1] Voir François Girbal, *Bernard Lamy (1640-1715). Étude biographique et bibliographique*, Paris, P.U.F., 1964.

méthode, caractérise au contraire *La Rhétorique ou l'art de parler* de Bernard Lamy.

Parmi les nombreux ouvrages publiés par le savant oratorien[2], *La Rhétorique* est celui qui a connu le plus grand succès: on dénombre plus de vingt éditions, de 1675 à 1757[3]. Achevé d'imprimer pour la première fois le 31 octobre 1675, et non en 1670 comme le répètent à tort de nombreuses bibliographies, sous le titre *De l'art de parler*, le livre sera remanié et amplifié au fur et à mesure des rééditions. En 1676, le titre devient *L'Art de parler, avec un discours dans lequel on donne une idée de l'art de persuader*, avant de recevoir en 1688 sa forme définitive, *La Rhétorique ou l'art de parler*, pour la «troisième édition». Une quatrième édition, très augmentée, paraît en 1701. L'édition définitive, publiée juste après la mort de Lamy, en 1715, n'apportera que des changements minimes.

La Rhétorique de Lamy est née de son enseignement: c'est, à l'origine, un cours dicté aux élèves de Juilly en 1667[4]. Mais ce n'est pas un manuel[5], ou plutôt c'est de moins en moins un manuel, en raison de l'approfondissement de la réflexion d'une édition à l'autre. Lamy écrit lui-même dans la lettre dédicatoire au duc de Chartres: «Peut-être que mes réflexions paraîtront trop élevées pour ceux qu'on instruit dans les collèges».

---

[2] Outre *La Rhétorique*, Lamy est l'auteur de *Nouvelles Réflexions sur l'art poétique* (1678), de *Traités de mécanique, de l'équilibre des solides et des liqueurs* (1679), d'un *Traité de la grandeur en général* (1680) qui s'appellera à partir de 1689 *Éléments de mathématiques ou traité de la grandeur*... Il publie en 1683 les *Entretiens sur les sciences*, en 1685 *Les Éléments de géométrie*, en 1687 l'*Apparatus ad biblia sacra*, de 1688 à 1711 les cinq volumes de la *Démonstration de la vérité et de la sainteté de la morale chrétienne*, en 1689 l'*Harmonia sive concordia quatuor evangelistarum*, en 1693 le *Traité historique de l'ancienne Pâque des Juifs*, et en 1701 le *Traité de perspective*. En 1720 sera publié le gros in-folio *De tabernaculo foederis, de sancta civitate Jerusalem et de templo ejus libri septem*. Pour les détails bibliographiques, voir F. Girbal, *Bernard Lamy*, o.c.

[3] F. Girbal en mentionne vingt, auxquelles il convient d'ajouter au moins: *L'Art de parler, avec un discours dans lequel on donne une idée de l'art de persuader*, troisième édition revue et augmentée, Lyon, François Roux et Claude Chize, 1689, in-12, pièces liminaires, 292 p.

[4] D'après F. Girbal, *Bernard Lamy*, o.c., p. 21.

[5] Le fait qu'elle soit rédigée en français ne suffit pas à prouver que *La Rhétorique* de Lamy n'est pas un manuel. Certes, les principaux manuels de rhétorique de l'époque sont écrits en latin: le *Candidatus rhetoricae* de Joseph Jouvency et les *De arte rhetorica libri quinque* de Dominique de Colonia seront, jusqu'au milieu du XVIIIe siècle, les plus utilisés des manuels de rhétorique. Mais Jouvency et Colonia sont des jésuites, et les oratoriens ont devancé les jésuites dans le remplacement du latin par le français comme langue d'enseignement.

Il est possible de situer assez précisément *La Rhétorique* par rapport à l'enseignement dans les intentions de son auteur. En effet, Bernard Lamy a exposé ses vues théoriques en matière de pédagogie dans les *Entretiens sur les sciences*, publiés pour la première fois en 1683, corrigés et amplifiés pour une seconde édition en 1694 et pour une troisième édition en 1706[6]. C'est dans cet ouvrage que Lamy expose avec le plus de netteté la conception qu'il se fait de la méthode. La perspective est pédagogique mais, loin d'opposer la méthode qui consiste en l'ordre à suivre pour acquérir un savoir à la méthode, technique d'enseignement, Lamy s'efforce d'établir entre les deux une équivalence. Et ce n'est pas seulement par souci de réduire la polysémie du mot *méthode*. Cette organisation sémantique traduit en fait une originalité profonde de la pensée qu'on pourrait présenter schématiquement — avec tout ce qu'une telle schématisation comporte nécessairement d'abusif — comme l'abandon de la bipartition des fondements de la connaissance. La réflexion épistémologique du XVIIᵉ siècle, dans son courant dominant qui va du chancelier Bacon et de Jansénius à la *Préface sur le traité du vide* de Pascal, oppose les connaissances fondées sur l'autorité à celles qui sont fondées sur la raison :

> Dans les matières où l'on recherche seulement de savoir ce que les auteurs ont écrit, comme dans l'histoire, dans la géographie, dans la jurisprudence, dans les langues et surtout dans la théologie, et enfin dans toutes celles qui ont pour principe ou le fait simple, ou l'institution divine ou humaine, il faut nécessairement recourir à leurs livres, puisque tout ce que l'on en peut savoir y est contenu ... C'est l'autorité qui nous en peut éclairer ...
>
> Il n'en est pas de même des sujets qui tombent sous les sens ou sous le raisonnement : l'autorité y est inutile ; la raison seule a lieu d'en connaître. Elles ont leurs droits séparés : l'une avait tantôt tout l'avantage ; ici l'autre règne à son tour (Pascal, *Œuvres complètes*, éd. Mesnard, t. II, p. 778 sq.).

La pédagogie du XVIIᵉ siècle avait sans doute tendance à élargir le domaine de l'autorité aux dépens de celui de la raison, et le texte de Pascal est avant tout un plaidoyer pour les droits de la raison. Quant à Lamy, il propose une autre solution : au lieu d'opposer l'autorité à la raison, il voit dans l'autorité du maître, la plus proche et la plus pressante de toutes les autorités, une sorte de substitut de la raison pour les élèves dont les facultés raisonnables ne sont pas encore assez développées, mais un substitut tout provisoire :

---

[6] C'est à cette troisième édition de 1706 que renvoient nos références. François Girbal et Pierre Clair ont donné une bonne édition critique des *Entretiens sur les sciences*, Paris, P.U.F., 1966.

En un mot les instructions du maître sont la raison du disciple, et les principes qu'il lui enseigne tiennent lieu de ces notions, qui sont les semences des sciences et les règles de la morale. Ainsi ce que nous avons dit est aussi bien pour les enfants que pour ceux qui sont âgés; avec cette différence que ces derniers acquièrent la droiture d'esprit et de cœur par leur étude, au lieu que c'est le maître qui la forme dans l'âme de ses jeunes disciples (p. 51).

Les implications pédagogiques d'une telle attitude sont considérables: il ne suffit pas au maître de communiquer à son élève un savoir; il lui faut le construire de telle manière que l'élève puisse le reconstruire lui-même lorsque sa raison se sera affermie. Lamy a sans doute nourri sa réflexion sur ce point par les souvenirs de sa propre enfance: si l'on en croit Nicéron [7], «l'obligation qu'on lui imposait d'apprendre par cœur les règles de la syntaxe le dégoûtait de l'étude».

Il faut garder à l'esprit ces perspectives pour interpréter le mode d'emploi que Lamy donne de son *Art de parler* dans le Quatrième Entretien. Eugène, le jeune homme qui, dans les *Entretiens sur les sciences*, représente le bon élève, vient d'exprimer son dégoût pour la grammaire:

Quoi! dit Eugène, vous ne me parlez point de ces grammaires qui m'ont fait tant de peine, et qui rebutent tous les jeunes gens (p. 133).

Théodose, le maître d'Eugène, entreprend de défendre la grammaire, tout en reconnaissant quelques excuses à son élève: Lamy précise ainsi une des visées de son *Art de parler*:

Les grammaires sont difficiles, parce qu'on ne sait pas ce que c'est. Pour en trouver la clef il faut d'abord se former une notion de toutes les grammaires en général; c'est-à-dire, examiner quels sont les fondements de l'art de parler, ce qui a été fait dans un livre qui explique cet art. En peu d'heures vous y apprendrez la grammaire générale de toutes les langues. Les enfants ne sont pas capables de cet examen, mais ceux qui les enseignent le doivent faire, pour leur rendre raison des règles de grammaire qu'ils apprennent, à proportion qu'ils en sont capables (p. 133 sq).

L'Art de parler, en tant qu'il constitue une grammaire générale, est l'explicitation de la composante rationnelle de toute grammaire bien faite, la grammaire particulière d'une langue n'étant que la considération rationnelle des régularités de son usage. La question des grammaires scolaires est longuement traitée dans le Quatrième Entretien. Lamy recommande l'enseignement de la grammaire française:

---

[7] Jean-Pierre Nicéron, *Memoires pour servir à l'histoire des hommes illustres dans la republique des lettres*, t. VI, 1728, p. 96.

On devrait commencer les premières études des enfants par leur enseigner une grammaire française, qui fût courte (p. 134).

Pour la grammaire latine, il exige qu'elle soit rédigée en français :

Les grammaires qu'on met entre les mains des enfants doivent être dans la langue qui leur est connue, c'est-à-dire en français pour les collèges de France : car enfin c'est entreprendre de chasser les ténèbres par les ténèbres, que de se servir de grammaires latines pour leur apprendre le latin (*Ibid.*).

Par «grammaires latines», il faut comprendre bien évidemment grammaires rédigées en latin, comme celle de Despautère, qui était sans doute la plus employée à l'époque. Un autre conseil, encore plus précis, montre où vont les préférences de Lamy :

Il est bon que les règles les plus importantes soient en vers, qui soient clairs et simples comme de la prose. Les rimes servent à se ressouvenir plus exactement de ces règles, et empêchent qu'on ne les confonde (p. 135).

C'est là une allusion transparente à la *Nouvelle Méthode latine* de Lancelot, qui déclarait dans l'«Avis au lecteur touchant les règles de cette nouvelle méthode» :

C'est pourquoi, demeurant ferme dans ce principe du sens commun, qu'il fallait leur donner les règles de la langue latine en français, qui est la seule langue qui leur est connue, comme dans l'usage ordinaire on donne les préceptes de la langue grecque et hébraïque en latin, parce qu'on suppose qu'il est entendu de tous ceux qui les apprennent, j'ai cru que, soulageant leur esprit en leur rendant les choses si claires et si intelligibles, il fallait en même temps arrêter leur mémoire en mettant ces règles en petits vers français, afin qu'ils n'eussent plus la liberté de changer les mots, étant astreints au nombre déterminé des syllabes qui les composent, et à la rencontre de la rime, qui les leur rend tout ensemble et plus aisés et plus agréables.

Il est vrai que d'abord je croyais que cela me serait tout à fait impossible, ayant envie que, nonobstant la contrainte du vers, ces règles fussent presque aussi courtes, aussi claires et aussi intelligibles qu'elles eussent été en prose (p. xxix de l'édition de Paris, Delalain, 1819).

Quelques lignes plus loin, Lamy fait l'éloge de Lancelot de manière plus explicite : il termine l'énumération des «excellentes grammaires» qu'il recommande par celles de Lancelot :

Lancelot a ramassé dans ses Méthodes latine et grecque tout ce qu'il y a de bon dans les grammairiens qui ont écrit avant lui.

Il ne faut pas voir là le reproche de manquer d'originalité : Lamy sait gré à Lancelot de dispenser en quelque sorte de lire les grammairiens qui l'ont précédé.

«Grammaire générale» et «clef» des grammaires particulières, *L'Art de parler* est en même temps une *Rhétorique*, aspect sur lequel Lamy insiste dans la troisième édition des *Entretiens* :

> Je ne crois pas être obligé de vous parler de la rhétorique : vous avez celle de notre ami de la dernière édition, qui est la quatrième. Il traite l'art de parler d'une manière utile ; ce n'est pas seulement un amas de préceptes, il raisonne beaucoup, et il ne donne aucune règle qu'il n'en fasse voir le fondement, qu'il ne marque la cause du plaisir qu'on trouve dans un discours où elle est observée. Ainsi ce livre pourrait contribuer à former l'esprit d'un jeune homme. Et lui donner une entrée facile dans toutes les langues, pour en savoir la grammaire, les parler et les écrire purement (p. 147).

La quatrième édition de *La Rhétorique ou l'art de parler* est, rappelons-le, de 1701. On pourrait avoir l'impression que la visée de Lamy s'est transformée au fur et à mesure des remaniements apportés à *L'Art de parler*. Certes, il n'y a pas coïncidence entre les deux développements des *Entretiens* qui en parlent, mais il n'y a pas non plus incompatibilité. Lamy aurait pu supprimer dans la troisième édition des *Entretiens* le passage où il présente *L'Art de parler* comme une grammaire générale, s'il y avait vu quelque incohérence avec le nouveau développement qui insiste sur son caractère de rhétorique [8]. En fait, *L'Art de parler* est à la fois, et cela dès sa première version, une grammaire générale et une rhétorique, et c'est la conjonction de ces deux visées qui en fait l'intérêt et l'originalité.

La composition du Quatrième Entretien apporte, par ce qu'elle présente à première vue de bizarre, un éclairage utile sur la manière dont Bernard Lamy envisage la conjonction entre grammaire générale et rhétorique. Le thème de l'entretien est donné dès la première page : c'est l'étude des langues. Vient ensuite l'éloge de Synèse, un des personnages des *Entretiens*, «homme de qualité» qui «s'était retiré dans une solitude fort écartée, où il passait les jours et les nuits dans la prière, à la réserve de quelques heures qu'il donnait au travail des mains» (p. 3). Cette apparente digression permet d'orienter les propos en direction de la rhétorique. L'emploi que fait Synèse du langage est donné comme modèle :

---

[8] En fait, Lamy se met entièrement à l'abri de tout reproche d'incohérence en confiant à deux personnages différents des *Entretiens* le jugement qui voit dans *L'Art de parler* une grammaire générale, et celui qui insiste sur son caractère de rhétorique. C'est Théodose qui met en relation *L'Art de parler* avec l'enseignement de la grammaire, alors que c'est à Aminte qu'est attribué le paragraphe sur *L'Art de parler* comme rhétorique. Quand Aminte dit «vous avez celle de notre ami de la dernière édition», on a l'impression que «notre ami» dans le dialogue désigne Théodose. Ne faudrait-il pas voir dans le personnage du Théodose des *Entretiens* quelque chose comme un autoportrait de Lamy ?

Il n'y avait rien de si raisonnable que ses entretiens. Ce qu'il avançait était appuyé sur des maximes pures, telles qu'une raison dégagée du trouble des passions les aperçoit. Il parlait peu, et il ne le faisait qu'après avoir vu ce qu'il fallait dire, ainsi ses expressions étaient nettes. Il appliquait avec tant de choix ses paroles aux choses, qu'il les représentait avec une naïveté admirable (p. 122).

Contrairement à Synèse, le commun des hommes ne se laisse pas conduire par la raison, mais par les passions. Ce partage de l'humanité entre le petit nombre des personnes sages et le peuple fournit à Théodose son principal argument en faveur de l'éloquence :

L'éloquence est donc nécessaire, puisque c'est par son moyen que ceux qui ont des pensées et des sentiments raisonnables forment dans l'esprit de ceux qui les écoutent les mêmes pensées, et inspirent les mêmes sentiments (p. 128).

Les hommes du commun ne sont pas capables d'atteindre par eux-mêmes la vérité, puisque leur volonté est soumise aux passions qui les en détournent. Seuls les hommes sages atteignent la vérité par l'exercice de la raison, mais l'éloquence leur donne les moyens de transmettre les idées raisonnables aux autres hommes. L'homme sage «peut faire paraître les choses qu'il propose dignes d'estime ou méprisables, selon qu'elles le méritent, et inspirer pour elles les sentiments qu'on en doit avoir, en choisissant dans l'usage de la langue dans laquelle il parle les mots et les tours qui réveillent les idées et les mouvements qu'il veut donner» (p. 129). Telle est la situation générale dont la pratique pédagogique n'est qu'un cas particulier. Il ne faudra donc pas négliger de chercher dans L'Art de parler l'exposé des conditions formelles de l'efficacité du discours pédagogique.

L'éloge de l'éloquence provoque chez le jeune Eugène une réaction qui situe précisément la notion de méthode dans le système pédagogique de Lamy : «L'éloquence, dit-il, est quelque chose de trop relevé pour moi, je suis obligé de bégayer avec les enfants, et de commencer comme eux par les premiers éléments. N'avez-vous point quelque méthode qui abrège ce travail, et tempère l'amertume de cet étude?» (p. 131). La méthode consiste à conduire à un ensemble de connaissances à partir des premiers éléments : c'est sa composante rationnelle qui guide le choix du plus court chemin, c'est sa composante rhétorique qui «tempère l'amertume».

La question d'Eugène porte sur l'éloquence. La réponse de Théodose semble orienter ailleurs l'entretien plutôt que d'apporter à Eugène les informations qu'il demande : «Pour apprendre une langue étrangère facilement, dit Théodose, il faut employer les moyens naturels...» En fait, pour Lamy, la question de l'apprentissage des langues n'est pas essentiellement différente de celle de l'éloquence. Dans les deux cas, il s'agit du langage, et les premiers éléments qui doivent servir de fondements à la grammaire générale et à la rhétorique sont les mêmes. Lamy construit une linguistique, mais c'est déjà une linguistique de l'énonciation. Après avoir examiné tout ce qui concerne l'enseignement des langues, Lamy, à la fin du Quatrième Entretien, revient à l'éloquence et à la rhétorique, sans éprouver le besoin d'une transition.

Si l'on prend le mot *méthode* dans son acception pédagogique, les perspectives tracées par les *Entretiens sur les sciences* permettent de discerner au moins trois séries de relations entre *La Rhétorique ou l'art de parler* et les préoccupations de Lamy touchant la méthode:

1. La composante de grammaire générale fournit aux maîtres des élèves les plus jeunes les moyens de rationaliser l'enseignement des grammaires particulières, et généralement l'enseignement des langues.

2. La composante proprement rhétorique permet à tous les maîtres de donner aux connaissances qu'ils enseignent une présentation adaptée à des élèves dont les facultés intellectuelles n'ont pas encore atteint le degré de maturité suffisant pour une acquisition purement rationnelle de ces connaissances.

3. L'ensemble constitue, à l'intention des grands élèves, un manuel complet de rhétorique, qui fonde sur une étude systématique du langage les règles de son emploi efficace. Je ne suis pas sûr que l'on dispose encore aujourd'hui de meilleur manuel d'expression et communication pour les étudiants des premières années de nos universités.

Telles sont, pour l'essentiel, les implications pédagogiques des connaissances contenues dans *La Rhétorique*. Mais la présentation elle-même de ces connaissances, la démarche d'exposition, constitue elle aussi aux yeux de Lamy un apport pédagogique, comme le précise la Préface:

> Cet ouvrage sera donc utile aux jeunes gens qu'il faut accoutumer à aimer la vérité, et à consulter la raison pour penser et agir selon sa lumière. Les raisonnements que je fais ne sont point abstraits. J'ai tâché de conduire l'esprit à la connaissance de l'art que j'enseigne, par une suite de raisonnements faciles; ce que les maîtres ne font pas avec assez de soin. L'on se plaint tous les jours qu'ils ne travaillent point à rendre juste l'esprit de leurs disciples; ils les instruisent comme l'on ferait de jeunes perroquets: ils ne leur apprennent que des noms: ils ne cultivent point leur jugement, en les accoutumant à raisonner sur les petites choses qu'ils leur enseignent; d'où vient que les sciences gâtent souvent l'esprit, au lieu de le former (p. xxj de l'édition de 1757).

Par la méthode qu'elle met en œuvre, *La Rhétorique* est aussi un enseignement de la méthode.

Mais il s'agit ici, avec cette «méthode» que *La Rhétorique* cherche à enseigner par l'exemple, de l'autre versant, ou, si l'on préfère, de l'autre acception du mot *méthode*, «ordre qu'on suit pour trouver la vérité». C'est encore dans les *Entretiens sur les sciences* que Bernard Lamy donne la présentation la plus synthétique de ses vues sur le sujet. Le Second Entretien, à partir de la deuxième édition publiée en 1694, est suivi d'une «Idée de la logique» dont le lien avec *La Logique ou l'art de penser* d'Arnauld et Nicole est nettement exprimé dans l'Avertissement qui l'introduit: «Comme il se peut faire que l'on n'ait pas l'Art de penser, ou assez d'ouverture pour l'entendre sans maître, on a cru en devoir donner une idée (p. 54).» Après avoir passé en revue les trois premières parties de la logique, l'idée, le jugement, le raisonnement, Lamy consacre un chapitre à la méthode: «De la quatrième opération, ou de la méthode».

En cela, il suit le plan d'Arnauld et de Nicole, et l'on s'attend à trouver dans ce chapitre le résumé de la Quatrième Partie de *La Logique* de Port-Royal. On peut remarquer toutefois des différences significatives, et tout d'abord une omission importante: alors que les notions essentielles de la Quatrième Partie de *La Logique* y sont passées en revue, Lamy ne dit rien de l'opposition, présentée par Arnauld et Nicole dans le chapitre II, de la méthode d'analyse et de la méthode de synthèse. Cette omission est particulièrement significative: bien qu'il ne le déclare pas expressément, dans le louable souci qui lui est constant d'éviter toute polémique inutile, Bernard Lamy ne fait pas de différence entre «la manière de se conduire dans la recherche de la vérité» (*Entretiens*, p. 91) et la manière de l'enseigner. Aussi la définition que Lamy donne de la méthode convient-elle aussi bien à l'ordre qu'on suit pour trouver la vérité qu'à l'ordre qu'on suit pour l'exposer:

La méthode consiste premièrement à savoir bien ce que l'on cherche. Car on ne trouve point quand on ne sait pas bien ce qu'on veut trouver. *Pars inventionis est scire quid quaeras.* Il faut donc se remplir l'esprit de son sujet, le débarrasser autant qu'on le peut, afin de l'envisager nettement, d'en avoir une notion claire et nette.

Ensuite il faut considérer tous les rapports de ce sujet, le considérer par toutes ses faces pour connaître par où on le peut attaquer, c'est-à-dire, qui sont les choses avec qui il est lié; qui étant bien connues peuvent le faire connaître.

On examine toutes les conséquences qui se peuvent tirer de ce qu'on connaît, se servant de ses premières connaissances comme d'échelons pour monter plus haut (p. 87 sq.).

Plus qu'à *La Logique* de Port-Royal, la perspective de Lamy s'apparente aux *Regulae ad directionem ingenii* de Descartes. Certes, les *Regulae* ne seront publiées qu'en 1701, mais elles avaient circulé en manuscrit. Arnauld et Nicole s'en sont servis dès 1664, et Malebranche en a tiré divers matériaux pour *La Recherche de la vérité*, dont la première édition est de 1674-1675. Il est tout à fait vraisemblable que Lamy se soit fait communiquer un manuscrit des *Regulae*, soit par le P. Poisson[9], qui était son confrère à Juilly, soit par Malebranche lui-même. Mais, tant qu'un examen plus attentif des textes n'aura pas permis de déterminer si Lamy a eu effectivement recours à un manuscrit des *Regulae*, on peut penser qu'il en connaissait le contenu, pour la partie qu'Arnauld et Nicole n'ont pas utilisée, par le Livre VI de *La Recherche de la vérité* de Malebranche, livre qui traite «De la méthode». L'«Idée de la logique» est plus qu'un aide-mémoire: c'est une synthèse originale qui articule, dans le cadre général donné par *La Logique* de Port-Royal, les innovations de Malebranche, inspirées de Descartes, et l'héritage de la logique traditionnelle[10]. Lorsqu'est abordée dans le Second Entretien la question de la logique, Lamy écrit:

> Vous trouverez en notre langue d'excellents livres sur cette matière, qui vous feront changer de sentiment quand vous les aurez lus. Comme sont l'Art de penser et la Recherche de la vérité (p. 39).

Il affirme ainsi l'influence de Malebranche sur sa propre conception de la logique, qui associe logique au sens strict et psychologie. Parmi les traces les plus évidentes de cette influence de *La Recherche de la vérité* sur Lamy, on remarque l'importance accordée au thème de l'attention, qu'on retrouve au chapitre VIII du Cinquième Livre de *La Rhétorique*, par exemple. Une analyse plus approfondie des idées de Bernard Lamy sur la méthode devrait établir le bilan le plus exhaustif possible de sa dette à l'égard de Malebranche, mais il ne faudrait pas exclure la possibilité d'échanges réciproques. Quand Lamy écrit «La méthode consiste premièrement à savoir bien ce que l'on cherche», le rapprochement s'impose avec un passage de *La Recherche de la vérité*:

> Car c'est la vue continuelle de la question qui doit régler toutes les démarches de l'esprit, puisqu'il faut toujours savoir où l'on va, et ce que l'on cherche (*Œuvres*, éd. Rodis-Lewis, t. I, p. 634).

Mais, quand on sait que le dernier membre de phrase, «et ce que l'on cherche», est une addition de l'édition de 1712, il est légitime de se

---

[9] Nicolas-Joseph Poisson, oratorien, est l'auteur de *Commentaires ou remarques sur la méthode de M. Descartes, où l'on établit plusieurs principes généraux nécessaires pour entendre toutes ses œuvres* (1670); Clerselier lui avait communiqué des manuscrits de Descartes. Sur les relations entre Poisson et Lamy, voir F. Girbal, *Bernard Lamy*, o.c., p. 23.
[10] Le courant traditionnel apparaît essentiellement dans le développement consacré aux syllogismes.

demander si l'influence ne s'est pas exercée dans le sens Lamy-Malebranche.

En tout cas, pour Lamy comme pour Malebranche, la question de la méthode relève de l'heuristique; on pourrait même se demander si, pour eux, le concept de méthode et le concept d'heuristique ne coïncident pas très exactement. Alors que *La Logique* de Port-Royal met pratiquement sur le même plan le rôle heuristique de la méthode et son rôle dans la présentation convaincante — peut-être même persuasive — des vérités découvertes, celui-ci passe au second plan chez Malebranche et chez Lamy. Certes, il n'est nullement nié ou discuté, mais ce n'est plus en quelque sorte qu'un corollaire implicite.

Aussi, pour Lamy, la méthode ne fait pas partie de la rhétorique même si, dans l'exercice du langage, toutes deux sont nécessaires. C'est une idée qui revient souvent dans *La Rhétorique ou l'art de parler* : puisque la parole est le tableau de la pensée, il est évident que pour bien parler il est nécessaire de bien penser. Pourtant, Lamy se défend à plusieurs reprises d'englober dans son *Art de parler* tout ce qui relève de l'«art de penser» :

C'est à ceux qui traitent de l'art de penser de parler de cet ordre naturel qu'il faut garder dans l'arrangement de nos pensées. Chaque art a ses bornes qu'il ne faut pas passer : je n'entreprendrai donc pas de prescrire ici des règles touchant l'ordre qu'on doit donner aux choses qui sont la matière du discours (p. 6 de l'éd. de 1757).

Malgré les apparences, il ne s'agit pas ici de la disposition, deuxième partie de la rhétorique traditionnelle, puisque Lamy lui consacre quatre chapitres (17 à 20) de son Cinquième Livre; il pense plutôt à l'établissement des chaînes de déductions, à l'articulation des raisonnements, comme il le précise au chapitre V, 2 :

C'est à la première partie de la philosophie, qu'on appelle *Logique*, à donner les règles du raisonnement (p. 373).

Et, comme on l'a vu, pour Bernard Lamy la méthode fait partie de la logique. Par la délimitation des deux domaines, *La Rhétorique* apparaît comme complémentaire et symétrique de *La Logique* de Port-Royal. Lamy a souligné lui-même la complémentarité des deux livres par la forme définitive qu'il a choisie pour son titre : *La Rhétorique ou l'art de parler* répond à *La Logique ou l'art de penser*, comme si les deux ouvrages étaient les deux panneaux d'un diptyque.

Si l'exposition de l'art de parler n'a pas à contenir la présentation de la méthode, il est en revanche évident pour Bernard Lamy que le rôle de la méthode est essentiel dans la démarche même de la constitution de cet art de parler.

Les fondements de la réflexion de Lamy sur le langage sont empruntés à Descartes, comme le manifestent les professions de foi cartésiennes disséminées dans *La Rhétorique*. Et les remaniements successifs ne feront que confirmer l'orientation cartésienne. Telle est incontestablement la principale nouveauté de l'ouvrage: alors que la plupart des traités de rhétorique qui ont précédé celui de Lamy, et la plupart de ceux qui le suivront, s'inscrivent plus ou moins explicitement dans la tradition aristotélicienne, *La Rhétorique ou l'art de parler* est une rhétorique cartésienne.

Pour Descartes et les cartésiens, c'est l'objet de la recherche qui impose les contraintes de méthode. L'ordre n'est pas facultatif. C'est le troisième des quatre préceptes formulés par Descartes dans la deuxième partie du *Discours de la méthode*:

> Le troisième, de conduire par ordre mes pensées, en commençant par les objets les plus simples et les plus aisés à connaître, pour monter peu à peu, comme par degrés, jusques à la connaissance des plus composés ...

Lamy fait mention des contraintes d'ordre imposées par la méthode dans la première version de *L'Art de parler*, à la fin du seul chapitre (III, 1) qui y traite de la phonétique:

> Cependant ces connaissances, quoique leur objet soit petit, sont en quelque façon nécessaires; et l'ordre m'a obligé de rapporter ce que j'en ai dit (p. 121 de l'éd. de Lyon, 1689).

Cette nécessité d'aborder la question de la phonétique dans un exposé complet de l'art de parler était clairement explicitée dès le début de la première version du Livre III:

> Les règles que nous avons données jusques à présent de l'art de parler ne regardent que la manière d'exprimer ses pensées, qui sont l'âme du discours: les lettres qui composent les mots par leur assemblage en sont le corps, comme nous l'avons remarqué. Nous devons travailler maintenant à former ce corps, c'est-à-dire à arranger les mots, de sorte que la prononciation en soit facile et agréable en même temps. Pour traiter cette matière avec une entière exactitude, il faudrait s'appliquer à considérer les mouvements particuliers des organes de la voix pour déterminer comment se forme le son de chaque lettre; mais outre que cette exactitude serait ennuyeuse, chacun peut apprendre ces choses sans le secours d'un maître, en faisant un peu d'attention à ce que font les organes dont il se sert pour parler. Je n'expliquerai ces deux choses que d'une manière générale (p. 116 sq. de l'éd. de Lyon, 1689).

Le respect de la méthode impose une étude de la composante phonétique du langage, mais la peur d'ennuyer le lecteur pousserait plutôt Lamy à en faire l'économie. La solution adoptée dans la première version cherche à concilier les deux tendances : la question de la phonétique est abordée, mais le plus rapidement possible. La suite de la réflexion de Lamy sur le langage le conduira à reconnaître l'importance capitale de la composante phonétique ; il s'y intéressera suffisamment pour admettre que ce n'est pas là un sujet si ennuyeux. Aussi, la version définitive multiplie par six le nombre de pages consacrées à la phonétique (Livre III, ch. 1 à 4). Lamy ne s'y plaint plus des contraintes d'ordre imposées par la méthode ; le contraste entre les deux versions donnerait plutôt l'impression qu'il s'en félicite. Le programme esquissé dans la première version est ici réalisé sans dérobade, comme l'indique le début de ce même Livre III dans sa forme définitive :

> Je donne beaucoup plus d'étendue à l'ouvrage que j'ai entrepris, que n'en ont les Rhétoriques ordinaires. Mon but est de découvrir les fondements de l'art que je traite. Je tâche de ne rien oublier pour cela. Nous avons vu comment se forme la voix. (...) À présent que nous entreprenons de traiter à fond de la partie matérielle de la parole, c'est-à-dire des sons dont elle est composée, il faut expliquer comme se forme le son de chaque lettre (p. 187 sq. de l'éd. de 1757).

L'intérêt des développements de phonétique dont l'addition a été en quelque sorte dictée par un respect plus scrupuleux de la méthode est incontestable : c'est surtout cet aspect de la pensée linguistique de l'oratorien qui a retenu l'attention de Geneviève Rodis-Lewis pour son article « Un théoricien du langage au XVIIe siècle : Bernard Lamy »[11].

C'est de ce côté-là, en effet, qu'il faut aller chercher l'originalité de Lamy. On lui a souvent reproché qu'il n'apportait rien de nouveau par rapport à la *Grammaire générale et raisonnée* de Port-Royal. Dans sa *Bibliothèque française* (1741, t. I, p. 56), l'abbé Goujet, après une présentation élogieuse de l'ouvrage d'Arnauld et Lancelot, ajoute :

> Le Père Lamy, prêtre de l'Oratoire, homme aussi savant que judicieux, s'est presque contenté de copier une partie de ces remarques dans le premier livre de sa *Rhétorique, ou l'art de parler*. Le peu qu'il y ajoute n'est ni important ni approfondi.

Ferdinand Brunot, dans son *Histoire de la langue française* (t. IV, p. 157), ne dit pas autre chose : « Le P. Lamy emprunte presque tout à Port-Royal ». En fait, cette assimilation des idées de Lamy sur le langage aux théories de la *Grammaire* de Port-Royal n'est guère justifiée. Lamy a lu le livre d'Arnauld et Lancelot, mais il ne lui emprunte que la matière de deux chapitres du Premier Livre (ch. 8 et 9 dans la version définitive) : « Des noms substantifs et adjectifs. Des articles. Du nombre et des cas des

---

[11] *Le Français moderne* 36, 1968, p. 19-50.

noms» et «Des verbes, de leurs personnes, de leurs temps, de leurs modes, de leurs voix actives et passives». Encore ces deux chapitres ne se contentent-ils pas de résumer Port-Royal; ils ajoutent diverses observations, sur les préfixes verbaux par exemple, et même les observations empruntées à Port-Royal sont situées dans une perspective totalement différente. Elles sont intégrées par Lamy au long développement d'une hypothèse qui annonce d'une certaine façon Condillac:

> Comme l'on ne peut pas achever un tableau avec une seule couleur, et distinguer les différentes choses qu'on y doit représenter avec les mêmes traits, il est impossible aussi de marquer ce qui se passe dans notre esprit avec des mots qui soient tous d'un même ordre. Apprenons de la nature même quelle doit être cette distinction; et voyons comment les hommes formeraient leur langage, si, la nature les ayant fait naître séparément, ils se rencontraient ensuite dans un même lieu (l. I, ch. 4, p. 13 de l'éd. de 1757).

Si l'on considère les grandes orientations, les lignes de force de leurs réflexions sur le langage, l'opposition entre Lamy et Port-Royal est évidente. La *Grammaire générale et raisonnée* ne voit vraiment dans le langage qu'une activité de l'esprit humain; si elle n'était pas plus aristotélicienne que cartésienne [12], on pourrait dire qu'elle ne s'intéresse dans le langage qu'à l'action de l'âme. Certes, sa première partie considère dans la parole «ce qu'elle a de matériel, et qui est commun, du moins pour le son, aux hommes et aux perroquets». Mais cette première partie est réduite au strict minimum, six courts chapitres, et le rôle du corps dans la production de la parole y est à peine suggéré. Bernard Lamy, dans une perspective cette fois authentiquement cartésienne, tient compte du corps aussi bien que de l'âme. Pour lui, le langage est d'abord une activité corporelle. Le premier chapitre de *La Rhétorique*, «Des organes de la voix. Comment se forme la parole», est centré sur l'anatomie et la physiologie de l'appareil phonateur. L'emploi que fait Lamy des termes d'*âme* et de *corps* à la fin de ce chapitre ne doit pas s'interpréter comme le recours à des métaphores ornementales, mais il

---

[12] Voir André Joly, «La linguistique cartésienne: une erreur mémorable», A. Joly-J. Stéfanini éds, *La Grammaire générale des modistes aux idéologues*, Lille, P.U.L., 1977, p. 165-199. André Joly rappelle les objections souvent faites à Noam Chomsky: «On fit remarquer, entre autres, que le rationalisme ne datait pas du *Discours de la méthode*, que le rôle de Pascal avait été négligé, et que Port-Royal était moins cartésien qu'on ne voulait le dire, qu'enfin sur le plan grammatical il n'y avait pas de rupture entre Arnauld et Lancelot et leurs prédécesseurs de la Renaissance et du Moyen Âge, pour ne pas parler d'Aristote» (p. 165 sq.). Joly a raison de reprocher à Chomsky l'extension excessive donnée au concept de linguistique cartésienne, mais il va lui-même trop loin en affirmant que «le concept de linguistique 'cartésienne' correspond à un mythe» (p. 167). Cordemoy et Lamy sont des cartésiens de stricte obédience, même quand ils font de la linguistique.

traduit directement la structuration de sa pensée linguistique: l'essentiel est pour lui d'intégrer sa conception du langage au cadre cartésien:

> Les idées, qui sont présentes à notre esprit lorsqu'il commande aux organes de la voix de former les sons qui sont les signes de ces idées, sont l'âme des paroles; les sons, que forment les organes de la voix, et qui, bien qu'ils n'aient en eux-mêmes rien de semblable à ces idées, ne laissent pas de les signifier, sont la parole matérielle ou le corps des paroles (p. 4 sq. de l'éd. de 1757).

Le troisième livre de *La Rhétorique* est entièrement consacré, nous l'avons vu, à cette «partie matérielle» des paroles, constamment mise en relation avec les organes de la voix et ceux de l'ouïe. La composante corporelle du langage est encore soulignée chez Lamy par la place donnée aux passions. Il est vrai que, depuis Aristote, la question des passions fait partie de la rhétorique; la tradition lui assigne une place bien précise, dans la partie de l'invention, avec les arguments et l'éthos. À première vue, la prise en compte des passions par Bernard Lamy semble s'inscrire dans le droit fil de la tradition rhétorique. Mais, pour être masquée, la rupture n'en est pas moins nette. Les passions dont parle Lamy ne sont plus les passions d'Aristote[13], ce sont les passions de Descartes. Il commence son énumération par l'admiration (V, 15, p. 416 de l'éd. de 1757), tout comme Descartes. Mais l'énumération est bien vite abandonnée, après l'admiration, l'estime et le mépris: Lamy n'a pas les préoccupations classificatoires d'Aristote et de ses émules. La question des passions ne se ramène pas pour Lamy à une typologie des états psychologiques comme chez Aristote; elle relève, comme chez Descartes, de l'analyse des mécanismes psychophysiologiques. Si l'étude des passions n'occupe qu'une place restreinte dans le Livre cinquième, où le rôle persuasif du langage est analysé suivant un plan inspiré de la rhétorique traditionnelle, c'est que le Livre second lui a été en grande partie consacré. Ce Livre second traite des tropes et des figures: les tropes sont en quelque sorte des moyens de suppléer aux insuffisances d'un vocabulaire limité par rapport à l'infinie variété des objets et des points de vue sous lesquels on peut les envisager; quant aux figures, elles sont le langage des passions. La liste des figures étudiées par Lamy rappelle par

---

[13] La théorie des passions à laquelle fait référence le courant traditionnel de la rhétorique française doit sans doute autant à la *Somme théologique* de saint Thomas qu'à Aristote. L'ordre dans lequel sont énumérées les diverses passions donne un indice: Aristote commence par la colère, saint Thomas par l'amour, Descartes par l'admiration. On se fera une idée de l'importance des passions dans la rhétorique française de l'âge classique en constatant que Breton leur consacre 180 pages des 526 que comporte son livre *De la rhétorique selon les préceptes d'Aristote, de Cicéron et de Quintilien* (Paris, 1703).

bien des côtés les catalogues traditionnels, mais quelques différences permettent de bien cerner l'orientation nouvelle. La notice de l'«exclamation» donne un bon exemple d'une figure analysée dans les perspectives psychophysiologiques de l'école cartésienne :

L'exclamation doit être placée, à mon avis, la première dans cette liste des figures, puisque les passions commencent par elle à se montrer dans le discours. L'exclamation est une voix poussée avec force. Lorsque l'âme vient à être agitée de quelque violent mouvement, les esprits animaux, courant par toutes les parties du corps, entrent en abondance dans les muscles qui se trouvent vers les conduits de la voix, et les font enfler; ainsi ces conduits étant rétrécis, la voix sort avec plus de vitesse et d'impétuosité au coup de la passion dont celui qui parle est frappé (l. II, ch. 9, p. 144 sq. de l'éd. de 1757).

Les notices des autres figures ne poussent pas aussi loin l'analyse du mécanisme de leur action; la plupart mettent toutefois en relation la structure linguistique de la figure et la dynamique de la passion à laquelle elle est associée. Quand cette mise en relation n'est pas faite, comme dans les cas du pléonasme, des synonymes, de la similitude, de la communication, on a l'impression d'une indication toute provisoire, mise là comme pierre d'attente pour des analyses à venir. Ainsi, la notice de la similitude se réduit à la présentation d'un «bel exemple» emprunté à Godeau. Suivant les cas, le degré d'avancement dans la réalisation de la tâche à accomplir est très inégal : ce n'est pas une science achevée que nous présente Lamy, mais une science en train de se construire.

Les réalités du corps tiennent encore une place dans le Quatrième Livre, entièrement consacré à la question des styles. Les perspectives traditionnelles n'en sont pas exclues, mais les orientations préférées de Lamy mènent ailleurs. À partir de la remarque que «les qualités du style de chaque auteur dépendent de celles de son imagination, de sa mémoire et de son esprit» (titre du chapitre IV, 2), Lamy propose une explication physiologique de la différence des styles individuels, l'imagination et la mémoire dépendant de la substance du cerveau. Le cadre qu'il donne à son explication est directement inspiré des théories de Descartes :

Dans l'imagination, il y a deux choses; la première est matérielle, la seconde est spirituelle. La matérielle, ce sont ces traces causées par l'impression que font les objets sur les sens; la spirituelle est la perception ou connaissance que l'âme a de ces traces, et la puissance qu'elle a de les renouveler ou ouvrir quand elles ont été faites une fois. Il n'est question ici que de la partie matérielle. Je ne puis expliquer exactement ces traces, sans m'engager dans des discussions philosophiques dont mon sujet m'éloigne : je dirai seulement que ces traces sont faites par les esprits animaux, qui sont la partie du sang la plus pure qui monte, en forme de vapeur, du cœur au cerveau. Ces esprits sont indéterminés dans leur cours : lorsqu'un nerf est tiré, ils suivent son mouvement, et c'est par leur cours qu'ils tracent différentes figures sur le cerveau, selon que les nerfs sont différemment tirés. De quelque manière que cela se fasse, il est constant que la netteté de l'imagination dépend du tempérament, de la substance du cerveau, et de la qualité des esprits animaux (IV, 3, p. 301 sq. de l'éd. de 1757).

Ce n'est pas encore de la neurolinguistique, mais Lamy envisage déjà la question des rapports entre le système nerveux et le langage.

La Rhétorique ou l'art de parler présente le langage comme une activité à laquelle contribuent également le corps et l'âme: c'est comme l'affirmait Descartes dans la Cinquième Partie du *Discours de la méthode*, l'activité qui manifeste le plus nettement ce qui est particulier à l'homme, union d'une âme et d'un corps. Étudier le langage, c'est étudier l'homme dans ce qu'il a de plus spécifique. Le livre de Lamy n'est pas seulement une rhétorique compatible avec la philosophie cartésienne, c'est le prolongement logique de la démarche même de Descartes. La méthode de Lamy, c'est la méthode de Descartes.

À une différence près. Descartes n'est pas favorable aux lectures; dans les *Regulae ad directionem ingenii* (Règle III), il admet qu'il faut lire les ouvrages des Anciens, mais il exprime sa crainte qu'une lecture trop assidue de leurs ouvrages ne conduise au renforcement de certaines erreurs plus qu'à la découverte de la vérité. Il préfère la méditation solitaire à la lecture. Pour Lamy, au contraire, la pratique de la lecture fait partie intégrante de la méthode. Dans son «Idée de la logique», il écrit:

> Il arrive souvent que ce n'est qu'après plusieurs tentatives qu'on connaît bien ce qu'on cherchait. Après plusieurs réflexions et méditations réitérées on vient à entrevoir quelque rapport qui ouvre le chemin par où il faut marcher. Aujourd'hui, on découvre une vérité, qui donne jour à plusieurs autres. On lit, on consulte ceux qui peuvent avoir connaissance du sujet qu'on traite. On parcourt au moins les livres de ceux qui en ont écrit, afin de ne rien oublier qui eût pu nous aider. Reprenant ensuite son ouvrage pour y travailler avec une nouvelle vigueur, on peut mieux régler ses méditations; c'est-à-dire, prendre enfin le chemin qui conduit à la vérité (*Entretiens sur les sciences*, p. 90).

Cette insertion de l'information bibliographique dans la méthode cartésienne a quelque chose de très moderne: la recherche universitaire d'aujourd'hui ne procède pas autrement. Ce n'est pas un idéal lointain que Lamy définit ainsi, mais sa propre pratique, telle que la manifeste la comparaison des éditions successives de l'*Art de parler*. Les remaniements sont le fruit de ses lectures: la *Minerva* de Sanctius a permis une description plus précise de l'ellipse (I, 12); les positions excessives exposées par Le Laboureur dans les *Avantages de la langue française sur la langue latine* ont donné à Lamy l'occasion de réfléchir sur la question de l'ordre naturel et de nuancer ses premières analyses (I, 13). Tous les genres sont mis à contribution: relations de voyage, comme celle de Thevenot (I, 10), Molière et son *Bourgeois gentilhomme* (III, 1), la traduction du quatrième livre de l'*Énéide* par Gilles Boileau (II, 7), pour ne parler que de livres explicitement cités. On aurait beaucoup progressé dans la connaissance de la pensée de Lamy le jour où l'on disposerait du bilan des lectures qui séparent chaque édition de l'*Art de parler* de la précédente. En 1700 ou 1701, à un moment où ses préoccupations essentielles vont plutôt vers l'exégèse et l'apologétique que vers la linguistique, il lit encore le *De loquela* d'Amman, et il en tient compte pour la quatrième édition de *La Rhétorique*:

> La quatrième édition de cet ouvrage était commencée lorsque j'ai vu une excellente dissertation d'un médecin suisse qui réside en Hollande, et se nomme Amman. Il assure qu'il a appris à plusieurs personnes sourdes et muettes à parler, à lire et à écrire. Il explique sa méthode, qui consiste en deux choses ... (III, 1, p. 192 de l'éd. de 1757).

Quel que soit le sujet auquel il s'intéresse, les questions de méthode préoccupent toujours Lamy.

Pour Bernard Lamy, il n'y a pas deux méthodes, une heuristique et une didactique, mais une seule: c'est la même démarche qui convient à l'acquisition du savoir et à sa transmission. Il aurait sans doute souscrit à la définition donnée par le *Dictionnaire de Trévoux* de 1704:

> MÉTHODE. s. f. Règle; art de disposer les choses d'une manière qu'on les puisse faire comprendre avec plus de facilité, soit pour découvrir la vérité quand nous l'ignorons, soit pour la prouver aux autres.

Pour Lamy, l'enseignement et la recherche ne font qu'un. Au lieu de concevoir l'enseignement comme l'exposition d'une recherche antérieurement accomplie, Lamy se refuse à dissocier deux étapes: l'exposition de la recherche en train de se faire est le meilleur enseignement. Ainsi s'expliquent les remaniements et les additions qui transforment ses livres d'édition en édition. Si Geneviève Rodis-Lewis voit dans *La Rhétorique ou l'art de parler* «un essai, et non un traité» [14], c'est parce que la démarche de Lamy est fondamentalement ouverte. Au savoir clos et stable qui se fixerait dans un traité, Lamy préfère le dynamisme d'un questionnement perpétuel, ce qui se traduit dans l'enseignement par l'abandon de l'argument d'autorité. Lamy apparaît ainsi comme un

---

[14] G. Rodis-Lewis, a.c., p. 49.

précurseur, et son influence sur la pensée linguistique du XVIIIe siècle est considérable. L'*Encyclopédie* de Diderot et d'Alembert le cite à de nombreuses reprises. Même Court de Gébelin, rarement élogieux pour ses devanciers, lui rend hommage :

Ce n'est pas sans raison qu'il y eut tant d'éditions de son Art de parler : il le remplit de choses précieuses, et souvent il avança comme des principes incontestables nombre de vérités qu'on a contestées dès lors, et dont nous démontrerons la certitude (*Grammaire universelle*, 1778, p. 532 n.).

Pierre SWIGGERS
(F.N.R.S. belge)

MÉTHODE ET DESCRIPTION GRAMMATICALE
CHEZ DENIS VAIRASSE D'ALLAIS

L'historien des idées ne peut être que fasciné par la figure énigmatique de Denis Vairasse d'Allais. Signalé par Gustave Lanson, dans un cours que celui-ci avait consacré aux origines et aux premières manifestations de l'esprit philosophique dans la littérature française de 1675 à 1748 [1], Vairasse d'Allais nous est avant tout connu par son *Histoire des Sevarambes*. Le titre complet de cet ouvrage est : *Histoire des Sevarambes, peuples qui habitent une partie du 3ᵉ continent, ordinairement appelé Terre Australe, contenant un compte exact du gouvernement, des mœurs, de la religion et du langage de cette nation* [2]. La page de titre mentionne qu'il s'agit d'une traduction de l'anglais, mais elle ne donne aucune indication directe sur l'identité de l'auteur et du traducteur. Or, la première partie de l'ouvrage avait paru en anglais, à Londres, au cours de l'année 1675. Son auteur, le sieur D. V. d'Allais, s'y était établi au moins depuis l'année 1665. Ayant dû retourner en France, vers 1675, l'auteur a traduit la première partie de son ouvrage fantastique, qu'il a continué en français. L'*Histoire des Sevarambes* est une fiction bien narrée qui rappelle l'*Utopie* de Thomas Morus et l'*Atlantis* de Bacon. Le roman est en quelque sorte le testament littéraire d'un aventurier savoyard, du nom de Siden (anagramme de Denis!), qui en 1655 s'était embarqué pour les Indes orientales, mais qui avait été jeté par une tempête sur les côtes de la Terre australe, où le peuple indigène, les Sevarambes, l'avait cordialement accueilli. Ramené en Europe par un navire hollandais, Siden est mortellement blessé dans un combat contre les Anglais, en 1672. Il confie ses papiers, écrits en plusieurs langues, au médecin du bord, qui les

---

[1] Voir les notes prises à ce cours, publiées dans la *Revue des Cours et Conférences* 1907-1908, p. 147 et suivantes.

[2] L'ouvrage a été publié en cinq parties : les deux premières ont paru en 1677 (2 volumes), chez Barbin, à Paris. Les parties III, IV et V ont paru en 1677 et 1678 (3 volumes), chez l'auteur et chez Michallet à Paris. Vairasse d'Allais avait obtenu le privilège pour la première partie en février 1676. Le 20 août 1677 il obtiendra le privilège pour la seconde partie et pour sa *Grammaire methodique*. L'*Histoire des Sevarambes* fut réimprimée à Bruxelles en 1682 ; elle fut traduite en néerlandais, en allemand et en italien.

transmet à une personne qui n'est pas nommée, pour qu'ils soient traduits et publiés. Dans sa version publiée, ce testament littéraire se compose de cinq livres, contenant la description de la Terre Australe, l'histoire du peuple des Sevarambes et celle de leur législateur Sevarias, qui avait également remodelé la langue de son peuple [3]. Il y est également question des lois, des mœurs, de la religion et de la langue des Sevarambes, peuple heureux et vertueux [4]. Le chapitre sur la langue des Sevarambes a fait l'objet, assez récemment, d'un bref commentaire d'André Robinet:

L'alphabet suit l'ordre de la nature: voyelles gutturales, palatiques et labiales, consonnes primitives et dérivées. Les syllabes composées de ces sons simples expriment également la nature des choses, rudes ou douces. Les noms se déclinent en changeant leurs terminaisons comme en latin, avec une différence des genres marquée par les terminaisons. Dans les diminutifs, par exemple, *u* signifie mépris et dédain, *e* et *i* gentillesse et mignardise. *Amba* est un grand homme vénérable, *ambu* un petit malotru, *ambé*, un joli petit homme. La femme *embé* cumule les mêmes terminaisons. Il y a trois genres, qui s'expriment également dans les conjugaisons, dont Vairas dresse le tableau. Cette langue ne comporte pas d'équivoques, car tous les types de mots et toute la syntaxe en sont forgés selon les mêmes principes différentiels et combinatoires, «exprimant merveilleusement bien les différences et les propriétés». La tâche de Sevarias est facilitée par le fait que les Sévarambes possédaient une langue originelle sensible, méthodique, logique, présentant un ordre de la nature que l'institution emprunte. Mais le législateur «modèle» entièrement le nouveau langage, pour l'adapter à l'état de civilisation, d'art et de science, qu'il souhaite à son peuple. C'est

---

[3] Notons que le nom de Sevarias constitue un anagramme de Vairasse.

[4] Comme le note J. Balteau, «les Sévarambes doivent leur bonheur à l'excellence de leur gouvernement. La raison, la vertu, la justice sont leurs seuls guides; les citoyens sont égaux; les biens sont communs; le travail obligatoire, modéré d'ailleurs, huit heures par jour: ainsi sont vaincus trois des plus grands vices de l'humanité: l'orgueil, l'avarice, la paresse. Le bien de l'État est la règle. Le mariage est forcé dès que les jeunes gens atteignent 21 et 18 ans; il est interdit aux vieillards de se remarier. Des époux sans enfants peuvent se séparer; s'il y a des enfants, le divorce est considéré comme infâme. La polygamie est permise, mais n'est pratiquée que par les chefs de l'État. Il n'y a d'autre religion que la religion naturelle, sans révélation, sans mystères, sans miracles. Il y a un Dieu invisible et éternel, infiniment puissant et bon, qui laisse au Soleil, second Dieu, dispensateur des grâces, le culte extérieur, les prières, les sacrifices; une troisième divinité, c'est la Patrie, qui a sa place sur les autels; tous, hommes et femmes, doivent s'armer pour la défendre, jamais pour conquérir. Les âmes des hommes sont des émanations solaires. Les âmes des justes qui sont morts vont d'astre en astre avant de se réincorporer au soleil; celles des méchants errent dans les neiges et les glaçons pour se purifier avant d'être, enfin, admises près des justes, au sein du dieu. Telle est la religion de l'État. Mais chacun peut pratiquer celle qu'il croit la meilleure. Toute violence ne peut être qu'injustice, car on ne peut toujours croire ce que l'on voudrait croire, et la contrainte ne peut produire que de mauvais effets» (*Dictionnaire de biographie française*, sous la direction de J. Balteau, M. Barroux et M. Prevost, Paris, Librairie Letouzey et Ané, tome deuxième, 1936, col. 92).

pourquoi Vairas *parle* sévarambe et assujettit son texte à la grammatopoiétique de son invention. Le rapport entre langue et société s'inverse dans une uglossie radicale, en modelant la société sur le caractère de la langue et la parole sur l'écriture. La société devient plus le miroir de la langue que, dans la phase topique, la langue ne le fut de la société. La musicalité de cette langue, qui permet de se passer de la rime, fait que la poiétique s'achève en poétique, conforme au génie des Sévarambes [5].

Cette description d'une langue fictive témoigne d'une grande systématicité et d'un remarquable don de l'analyse grammaticale. Or c'est bien dans la grammaire que l'auteur de l'*Histoire des Sevarambes* trouvera, vers les années 1680, sa véritable destination. Mais revenons d'abord sur la biographie de ce personnage curieux, sur lesquels les indications, peu abondantes, sont le plus souvent contradictoires [6].

Denis Vairasse d'Allais — on rencontre également les variantes suivantes: *Vayrasse, Veirasse, Vairas, Veiras* — est peut-être né dans la ville d'Alais en Languedoc. Dans ce cas, la graphie correcte du dernier élément de son nom devrait être *d'Alais* [7]. Vairasse d'Allais est probablement né dans une famille protestante, qui lui a donné une instruction solide. Quant à sa date de naissance, nous restons dans l'incertitude complète. Ascoli, tenant compte du fait vraisemblable que Vairasse d'Allais a dû avoir vingt et un ans au temps du traité des Pyrénées (1659), situe sa naissance entre 1635 et 1638, en ajoutant: «il m'a été impossible de vérifier cette hypothèse sur des pièces authentiques: les registres de baptêmes, tenus par les pasteurs protestants d'Alais, ont bien existé autrefois aux archives municipales de cette ville; mais si de vieux employés se souviennent d'en avoir vu autrefois la collection complète, des visiteurs indélicats l'ont sans doute dépareillée: les volumes relatifs

---

[5] A. Robinet, *Le langage à l'âge classique*, Paris, Klincksieck, 1978, p. 253. À la p. 252 de cet ouvrage, le lecteur trouvera une reproduction photostatique d'une page de l'*Histoire des Sevarambes*, où Vairasse d'Allais expose le système des conjugaisons. Voir également P. Cornelius, *Languages in Seventeenth- and Early Eighteenth-Century Imaginary Voyages*, Genève, Droz, 1965, p. 133-140.

[6] Pour la biographie de Vairasse d'Allais, voir: G. Ascoli, «Quelques notes biographiques sur Denis Veiras, d'Alais», *Mélanges Gustave Lanson*, Paris, Hachette, 1922, p. 165-177 et l'article «Allais (Denis Vairasse d')» dans le *Dictionnaire de biographie française*, t. II, col. 91-92 (cf. note 3). Dans l'article d'Ascoli, on trouvera un bref aperçu (p. 166) des renseignements que fournissent les biographes anciens (Marchand, Haas) sur la vie de Vairasse d'Allais. Signalons que, pour la chronologie, Ascoli s'inspire d'un article non signé qui a été publié, en 1690, par Thomasius dans son journal littéraire *Freymüthige, jedoch Vernunft- und Gesetzmässige Gedanken über allerhand fürnemlich aber neue Bücher, durch alle zwölff Monat des 1689. Jahrs*.

[7] À Alais, le nom de Vairasse, conservé dans le nom d'une des rues de la ville, est orthographié *Veyrasse*.

aux années comprises entre 1618 et 1677 font aujourd'hui défaut» [8]. Vers sa seizième année, Denis Vairasse d'Allais semble avoir servi dans les armées du Piémont [9], participant à la campagne de Louis XIV. Après le traité des Pyrénées, Vairasse d'Allais se consacre aux études — tout comme Siden [10] — et il est reçu docteur en droit, sans doute à la Faculté de Montpellier. Mais bientôt Vairasse se lasse de la robe, et il passe en Angleterre. Le témoignage anonyme publié par Thomasius est explicite à ce propos [11]. Une lettre autographe de Vairasse d'Allais, conservée à la bibliothèque bodléienne (*Mss. Rawlinson* A, 188, f°s 262-263), nous apprend que celui-ci était entré en service chez les plénipotentiaires anglais Buckingham et Arlington, avec qui il s'est rendu en Hollande vers 1672 [12]. La disgrâce dans laquelle ces deux ministres étaient tombés, en 1674, obligea Vairasse à quitter l'Angleterre. De retour en France, Vairasse d'Allais s'établit à Paris [13], où il enseigne le français, l'anglais,

[8] Ascoli, a.c., p. 167. Balteau, a.c., col. 91 situe sa naissance «vers 1630».

[9] Ascoli, a.c., p. 168, se base ici sur les informations contenues dans le mémoire envoyé à Thomasius, et compare ces données avec l'histoire de Siden (*Histoire des Sevarambes*, tome I, p. 2): «À peine étais-je dans ma quinzième année que je fus à l'armée en Italie, revêtu d'un emploi qui m'y retint près de deux ans, avant que je pusse retourner dans mon pays, où je ne fus pas plus tôt arrivé que je me vis obligé de marcher en Catalogne, avec un commandement plus considérable que celui que j'avais auparavant». Cf. aussi Balteau, a.c., vol. 91.

[10] «Je n'aurais pas quitté le service, si la mort imprévue de mon père ne m'eût rappelé pour prendre possession du bien qu'il m'avait laissé, et obéir aux ordres de ma mère (...) Les commandements de ma mère me firent quitter l'épée pour la robe. Il fallut s'appliquer à l'étude du droit, où je fis d'assez grands progrès dans quatre ou cinq années de temps, pour pouvoir prendre le grade de docteur. Je fus aussi reçu avocat en la cour souveraine de mon pays» (*Histoire des Sevarambes*, tome I, p. 2)

[11] Voir la traduction chez Ascoli, a.c., p. 170: «Il s'était tourné vers l'Angleterre et là, par son habileté, il avait su s'attirer l'affection de plusieurs illustres ministres de la Cour; grâce à quoi il avait intimement connu l'état de ce royaume et les intrigues intestines de la Cour. En l'an 1665, comme les Anglais faisaient la guerre avec ceux de Hollande, il s'est trouvé sur le bateau amiral, commandé par le duc d'York d'alors, et fut témoin des batailles navales qui eurent lieu. Après cela il est resté longtemps encore en Angleterre, jusqu'à ce qu'enfin un ministre de la Cour au service de qui il s'était engagé tombât en disgrâce, dût, une fois dénoncé comme conspirateur, se sauver en France; M. d'Allais resté près de lui, s'en alla avec lui à Paris. Plus tard, en l'année 1672, il alla en Hollande avec les armées françaises, et il y assista à toutes les conquêtes du roi». Ce document semble avoir inspiré Balteau, a.c., col. 91: «Il se mit au service du duc d'York, était sur son navire pendant la guerre de Hollande de 1665; il revient en France on ne sait pourquoi. Il rentra dans l'armée, fit la campagne de Hollande de 1672».

[12] La présence de Vairasse en Hollande n'avait donc rien à faire avec une campagne de l'armée française (sur ce point, l'information citée dans la note précédente est incorrecte), mais s'insérait dans un voyage de négociations de Buckingham et Arlington.

[13] Les pages de titre de ses publications indiquent ses demeures successives: rue de Bussi (1677-1678), rue du Four (1680-1682) et rue Sainte-Marguerite (1683), toujours dans le faubourg Saint-Germain.

l'histoire et la géographie [14]. Il publie son *Histoire des Sevarambes*, sa *Grammaire methodique* (1681) et sa *Short and Methodical Introduction* (1683). Après 1683, nous n'avons aucune information sur Vairasse. Selon Ascoli, «il apparaît qu'il ne s'est point converti au catholicisme, et, puisqu'aussi bien on n'a point d'indication qu'il ait émigré, cela laisse croire, qu'il n'a pas dû survivre de beaucoup à la Révocation de l'Édit de Nantes, si même il a vécu assez pour la voir. Bayle, en 1691, dans un passage bien vague de sa *Cabale chimérique*, en parle comme s'il vivait encore. Mais ce passage même prouve que si Bayle avait vu autrefois Veiras il ne le connaissait point bien intimement. Quant au biographe, informateur de Thomasius, dès 1689, il parle de Veiras au plus-que-parfait, comme d'un disparu» [15].

C'est le 17 novembre 1681 que paraît la grammaire française de Vairasse d'Allais, sous le titre de *Grammaire methodique contenant en abregé les principes de cet art Et les Regles les plus necessaires de la Langue Françoise dans un ordre clair & naturel, Avec de nouvelles observations & des caracteres nouveaux pour en faciliter la prononciation, sans rien changer d'essentiel dans l'orthographe ni dans l'étymologie des mots* [16]. La page de titre recommande la grammaire comme un «Ouvrage fort utile à toute sorte de gens, & composé pour l'instruction particuliere de Son Altesse Royale Monseigneur le Duc de Chartres», et indique que la grammaire est disponible «à Paris, Chez l'Auteur le Sr D. V. d'Allais, au bas de la ruë du Four, proche du petit Marché, Faubourg Saint

[14] Balteau, a.c., col. 91, signale que Vairasse a écrit sa *Grammaire methodique* à titre de professeur et «pour l'instruction particulière de son Altesse Royale Mgr le duc de Chartres»; cette dernière indication, contenue dans la page de titre de la *Grammaire*, ne doit pas forcément être interprétée littéralement: peut-être s'agit-il d'une simple dédicace au jeune prince, qui était le second héritier de la couronne. Notons toutefois que dans la préface, Vairasse dit explicitement que son ouvrage a été composé pour l'instruction particulière du prince (*Grammaire methodique*, A iiij).

[15] Ascoli, a.c., p. 173.

[16] On corrigera donc l'entrée n° 169 dans E. Stengel, *Chronologisches Verzeichnis französischer Grammatiken vom Ende des 14. bis zum Ausgange des 18. Jahrhunderts nebst Angabe der bisher ermittelten Fundorte derselben*, Oppeln, E. Franck's Buchhandlung 1890 (réimpr. Amsterdam, J. Benjamins, 1976), p. 55, où le titre de la grammaire est donné avec quelques abréviations et plusieurs accents ne figurant pas sur la page de titre. Notons que la *Grammaire methodique* ne figure pas dans la bibliographie établie par Charles Porset, «Grammatista philosophans. Les sciences du langage de Port-Royal aux Idéologues (1660-1818). Bibliographie», in André Joly - Jean Stéfanini éds, *La grammaire générale. Des modistes aux idéologues*, Lille, Presses universitaires, 1977, p. 11-95. Elle est incluse dans la bibliographie de J. Mertens, *Contribution à l'étude de la terminologie grammaticale française. La nomenclature du verbe chez les grammairiens français du XVIIe siècle*, Louvain (thèse de doctorat), 1968, vol. III, p. 2.

Germain». Dans la préface de cet ouvrage volumineux (vingt pages hors texte, numérotées — par feuillet — à l'aide de chiffres romains, et 498 pages de texte), l'auteur s'explique d'abord sur l'utilité de la grammaire en tant qu'art de parler:

Il n'est rien à quoi les personnes polies aspirent davantage qu'à la gloire de bien parler & à celle de bien écrire: Mais à faute de suivre des routes droites & assurées, peu de gens ont le bonheur d'y parvenir. Ce n'êt pas assez que d'avoir appris une Langue par une simple imitation, il en faut étudier les principes, en démêler les differentes proprietez, & observer le rapport & la liaison que les matieres ont entr'elles, pour en avoir une connoissance raisonnable. On sçait que l'Art de parler êt l'un des plus anciens, des plus utiles & des plus admirables du monde, & il merite d'autant plus notre estime, qu'il est particulier à l'homme, & qu'il fait un des plus dous liens de l'honnête societé. Aussi l'importance de cet Art merveilleus, qui contient en soi une très-belle philosophie, a paru si grande aus esprits éclairez de tous les siecles, que plusieurs Grans Genies, & même des Princes, des Rois & des Empereurs, l'ont fort estimé, & n'ont pas crû que ce fût une chose indigne de leur grandeur d'en apprendre la theorie, d'y faire des remarques, & même d'en composer des traitez. De-plus, on peut dire avec verité, qu'il n'y a point de science ni d'art liberal dans la Republique des Lettres dont on ait tant écrit que de celuy-cy, dans toutes les Langues polies; & depuis que la nôtre s'êt aquis de la reputation, on ne void par-tout que des Grammaires Françoises faites en France ou dans les païs étrangers (*Grammaire methodique*, Preface, A ij-A iij).

À quoi bon donc une nouvelle grammaire du français, la tantième dans la série? Dans quelle mesure celle-ci se distingue-t-elle — positivement, bien entendu — de celles qui la précèdent? C'est ici que Vairasse d'Allais fait appel, en le vantant, au trait distinctif de sa grammaire: son caractère *méthodique*. Pour lui, la méthode en grammaire consiste dans l'adoption d'un ordre et d'une disposition systématiques des matières, dans le traitement progressif et uniforme des problèmes grammaticaux, dans l'explication claire et distincte de la nature de ces problèmes, et dans l'attention, justement proportionnée, donnée aux «choses essentielles» en matière de grammaire.

Cependant il faut avoüer, que dans ce grand nombre de Grammaires, on ne nous a encore donné que des fragmens & des pieces confuses, où parmi plusieurs bonnes choses on trouve de notables defauts, soit dans la matiere, ou dans l'ordre & la disposition des parties. On ne suit point de methode reglée & uniforme dans l'œconomie des preceptes, on void à-peine deux Auteurs qui convienent du veritable son des letres, de la quantité des syllabes, de l'usage legitime des accens, ni de l'ordre & du nombre des modes & des tems dans la conjugaison des verbes. Ils ne parlent presque point de leurs formes ou genres, ni de leurs diverses especes; & omettant plusieurs choses essentielles à l'art, ou les expliquant d'une maniere obscure, ils s'étendent le plus souvent en un détail ennuyeus des

choses les moins importantes. Pour ne pas tomber dans ces erreurs, j'ai tâché de
ne mettre dans ce petit Ouvrage, que les matieres les plus necessaires & les mieus
choisies, & de les ranger dans leur ordre naturel, afin qu'on puisse facilement
& comme tout d'une vûë remarquer la juste situation & l'enchaînement des
parties pour la composition du tout. I'espere que le Prince, pour l'instruction
particuliere duquel il a esté composé, en recueillera quelque fruit, que le Public en
profitera, & que les Grammairiens sincéres qui l'examineront sans préjugé,
approuveront cette methode (*Grammaire methodique*, Preface, A iij - A iiij).

Finalement, *méthode* signifie dans cette grammaire française: libéra-
tion du joug latin, autonomie accordée au français, établissement d'un
cadre formel propre à la langue décrite [17].

I'ose encore esperer qu'ils cesseront à l'avenir de confondre les regles de la
Langue Françoise avec celles de la Latine, dont ils semblent estre si entêtez, qu'ils
tirent ordinairement le portrait de la fille sur le visage de la mere, sans considerer
que chaque Langue a son air & son caractere particulier (*Grammaire methodique*,
Preface, A iiij).

Dans quelle mesure l'esprit de méthode se réfléchit-il dans la description grammaticale de Vairasse? Il se manifeste d'abord dans la systématicité avec laquelle Vairasse d'Allais procède pour diviser la grammaire, qu'il définit — de façon traditionnelle — comme «l'art de bien
parler et de bien écrire» (*Grammaire methodique*, p. 1). Originale, par
contre, est la double dichotomie introduite par Vairasse: celle entre
grammaire «vocale» et grammaire «littérale», et celle entre grammaire
générale et grammaire particulière:

La GRAMMAIRE Vocale traite de la parole vivante, & la Literale de la maniere
de la representer par des letres, ce qu'on appelle ORTHOGRAPHE ou l'ART
d'ECRIRE. Cela fait voir que la parole & l'écriture sont deus langages distincts qui
different autant l'un de l'autre que la copie de l'original. La GRAMMAIRE se divise
encore en GENERALE & en PARTICULIERE.
La Generale traite des principes communs à toutes les langues.
La Particuliere, outre ces principes communs, traite encore des proprietez de
chaque langue particuliere (*Grammaire methodique*, p. 1-2).

Cette dernière distinction, qui préfigure celle faite par les grammairiens
de l'*Encyclopédie* [18], n'est pas explicitée davantage par Vairasse d'Allais;

[17] Cf. *Grammaire methodique*, L'imprimeur au lecteur: «Ceux qui n'ont pas étudié, &
qui n'entendent pas la Grammaire, la pourront apprendre ici, en leur propre Langue dans
une metode claire & facile, ce qui est un excellent preparatif pour faciliter les Langues
étrangeres. Ceux qui ont fait leurs études y pourront voir en François, d'une maniere fort
exacte & reguliere, les regles d'un art qu'ils n'ont appris en Latin qu'assez confusément, &
avec beaucoup de peine» (p. A vj).
[18] «La *Grammaire* admet donc deux sortes de principes. Les uns sont d'une vérité
immuable & d'un usage universel; ils tiennent à la nature de la pensée même; ils en suivent

c'est parce que sa *Grammaire methodique* est une grammaire française, qui est «l'art de bien parler & de bien écrire en François» (*Grammaire methodique*, p. 2). Dans l'abrégé anglais [19] de sa grammaire, paru en 1783, Vairasse ne mentionne que la distinction entre grammaire «vocale» et grammaire «littérale» [20]. Autre variante intéressante: dans la *Grammaire methodique*, Vairasse d'Allais poursuit sa définition par une division de la matière, commune à la grammaire générale et particulière («La GRAMMAIRE, soit generale ou particuliere, a quatre parties principales», p. 2), alors que dans la *Short and Methodical Introduction* la même division est appliquée à la grammaire «vocale» et «littérale» («Grammar, either *Vocal*, or *Litteral*, has these four principal parts», p. 2). On le voit: le cadre théorique et terminologique est trop peu articulé pour donner de la rigueur au souci épistémologique de circonscrire et d'organiser le domaine de la grammaire. Les quatre parties distinguées par Vairasse d'Allais sont l'articulation, la prosodie, l'analogie et la syntaxe (*Grammaire methodique*, p. 2-3; *A Short and Methodical Introduction*, p. 2) [21].

l'analyse; ils n'en sont que le résultat. Les autres n'ont qu'une vérité hypothetique & dépendante de conventions libres & muables, & ne sont d'usage que chez les peuples qui les ont adoptés librement, sans perdre le droit de les changer ou de les abandonner, quand il plaira à l'usage de les modifier ou de les proscrire. Les premiers constituent la *Grammaire générale*, les autres sont l'objet des diverses *Grammaires particulières*. La *Grammaire générale* est donc la science raisonnée des principes immuables & généraux de la parole prononcée ou écrite dans toutes les langues. Une *Grammaire particulière* est l'art d'appliquer aux principes immuables & généraux de la parole prononcée ou écrite, les institutions arbitraires & usuelles d'une langue particulière (article «Grammaire», *Encyclopédie ou Dictionnaire raisonné des Sciences, des Arts et des Métiers, par une société de gens de lettres* Mis en ordre & publié par M. Diderot, de l'Académie Royale des Sciences & des Belles-Lettres de Prusse; & quant à la Partie Mathématique par M. d'Alembert, de l'Académie Françoise, Paris, Le Breton-David-Durand, 1751-1780, tome VII, p. 841-842).

[19] *A Short and Methodical Introduction to the French Tongue*. Composed for the particular use and benefit of the English, by D. V. d'Allais a Teacher of the French, and English Tongues in Paris, Paris, 1683. Cf. E. Stengel, *Chronologisches Verzeichnis ...* (o.c.), p. 56, n° 169, où la date de publication doit être corrigée en 1683 et où le titre doit être complété d'après les indications données ici. Comme le note J. Mertens, *Contribution ...* (o.c.), vol. III, p. 3, Stengel «présente cet ouvrage comme une nouvelle édition de la *Grammaire methodique*, alors que c'est incontestablement un autre ouvrage». La page de titre de cet abrégé anglais (3 feuillets + 130 pages) mentionne encore: «To be sold at the Author's Lodging, Au bout de la ruë Sainte Marguerite, proche le Carrefour Saint Benoist, Fauxbourg Saint Germain, attenant la Boutique d'un Fruitier».

[20] Mais la définition préalable de la grammaire inclut déjà une référence à des langues particulières: «Grammar is the art of well speaking and well writing, French to the French, English to the English &c. I divide it into Vocal and Litteral. VOCAL GRAMMAR treats onely of living speech. LIT. GRAMMAR of the manner of representing with letters the different sounds of articulated voice» (*A Short and Methodical Introduction*, p. 1).

[21] Les termes utilisés dans l'abrégé anglais sont: *articulation, prosodie, analogie* et *syntaxis*.

L'ARTICULATION est cette partie de la GRAMMAIRE qui traite premierement des sons & des letres tres simples, qu'on appelle les Elements de la Parole, & en suite de la maniere de les assembler pour la composition des syllabes & des dictions (*Grammaire methodique*, p. 3)[22];

La PROSODIE est la seconde partie de la Grammaire, qui traite de la Quantité des Syllabes, de l'Accent des Dictions, & des diverses inflexions de la voix à l'égard du Ton & de l'Emphase (*Grammaire methodique*, p. 35)[23];

L'ANALOGIE ou REDUCTION est la troisiéme partie de la Grammaire, qui traite de tous les mots ou dictions d'une Langue, & montre à les ranger, selon leur signification, en de certaines classes qu'on appelle les Parties du Discours. La pluspart des Grammairiens la nomment ETYMOLOGIE, prenant la partie pour le tout : car l'Etymologie n'est proprement que cette partie de l'Analogie qui traite de l'origine ou derivation des mots : mais celle-cy s'occupe à expliquer toutes les parties du discours, qui sont LE NOM, L'ARTICLE, LE PRONOM, LE VERBE, LE PARTICIPE, L'ADVERBE, LA PREPOSITION, LA CONJONCTION, & L'INTERJECTION. De ces neuf Parties du Discours les cinq premieres sont declinables, & les quatre autres indeclinables (*Grammaire methodique*, p. 54-55)[24]; LA SYNTAXE est la quatriéme & derniere Partie de la Grammaire, qui traite de l'assemblage ou arrangement artificiel des diverses parties du discours, pour la composition reguliere des Sentences, des Phrases & des Periodes, selon le genie & la constitution de chaque Langue (*Grammaire methodique*, p. 435)[25].

---

[22] «ARTICULATION treats of articulated sounds used in living speech, and of the letters commonly made use of in the Art of writing, to represent to the eye, those articulated sounds, of the voice» (*A Short and Methodical Introduction*, p. 2). Dans la *Grammaire methodique*, la description de l'articulation occupe les pages 3 à 33 (avec des sections sur l'alphabet méthodique, sur les lettres muettes, sur l'*e* ouvert, sur l'*e* masculin, sur l'*e* féminin); dans l'abrégé anglais, elle occupe les pages 2 à 39. La structure de l'exposé y est basée sur la division entre l'articulation simple («SIMPLE ARTICULATION treats onely of the simple articulated sounds, out of which all others are compounded, as being the first Elements and material part of speech», p. 2) et l'articulation composée («COMPOUND ARTICULATION arises from the mixture of two, three, or more letters in one syllable», p. 30).

[23] «PROSODIE is the second part of Grammar, which treats of the quantity of syllables (*sic*) and accent of dictions» (*A Short and Methodical Introduction*, p. 40). Dans la *Grammaire methodique*, le traitement de la prosodie occupe les pages 34 (où il y a un préambule sur la prosodie, dont l'office est «de regler la quantité des syllabes & l'accent des dictions», p. 35) à 53. Le traitement qui y correspond dans la version anglaise est beaucoup moins étendu (*A Short and Methodical Introduction*, p. 40-44).

[24] «ANALOGIE or REDUCTION is the Third part of Grammar, which shows how to reduce all the words of a language according to their rank and signification, to certain heads commonly called the Parts of Speech. In the French Tongue te (*sic*) Parts of Speech are nine, viz. *Noun, Article, Pronoun, Verb, Participle, Adverb, Preposition, Conjunction* and *Interjection*. The five first Parts are declined, and the four others undeclined» (*A Short and Methodical Introduction*, p. 44-45). L'analogie y occupe les pages 44 à 127. Dans la *Grammaire methodique* elle couvre les pages 54 à 435.

[25] «The Syntaxis *or* Construction of speech, is the fourth and last part of Grammar, which showes how to joine and construe decently together all the other parts of Grammar accoding (*sic*) to their due order and governement» (*A Short and Methodical Introduction*, p. 128). L'auteur explique également la brièveté de son exposé sur la syntaxe (p. 128-130): «I could easily give here many rules that relate to syntaxis, such as I have set forth in my

La méthode du grammairien ne consiste pas seulement à proposer un plan systématique de description, mais aussi à concrétiser cette macro-division par des analyses progressives, cohérentes et exhaustives. Dans la partie phonétique, qui s'occupe des éléments les plus simples de la parole et de l'écriture, le caractère méthodique de l'examen descriptif se manifeste dans l'attention consacrée à l'adéquation de la représentation graphique de ces éléments. Retraçant brièvement l'histoire de l'alphabet français, emprunté à celui «des Latins» [26], Vairasse d'Allais aboutit, par nécessité, à la question suivante: dans quelle mesure l'alphabet français est-il *clair*? La clarté du système graphique se laisse déterminer en fonction de la distinctivité et l'univocité de la représentation qu'il donne des sons. L'examen de ce système graphique débouche sur un constat négatif.

Cependant nos Ancêtres n'ayant point d'Alphabet propre à leur langue naturele, furent contraints de se servir de celui des Romains quand ils commencerent à ecrire en langage vulgaire, mais trouvant dans la suite qu'il ne suffisoit pas pour representer tous les sons dont la langue Françoise etoit composée, ils se servirent de quelques voyes indirectes pour suvenir au defaut de l'Alphabet Latin. Premierement ils firent servir une seule letre pour representer *un, deux, trois,* & jusques à quatre sons differents; & tout au contraire ils se servirent en certaines rencontres de *deux, trois* & quelquefois de *quatre* figures differentes pour exprimer un son tres simple; & c'est là sans doute la principale source du desordre de notre Orthographe (*Grammaire methodique*, p. 5-6) [27].

Ce désordre, régnant dans une des branches les plus élémentaires — au sens positif — de la grammaire, est un obstacle dans l'apprentissage de la langue (écrite); pour le grammairien méthodique, c'est un mal qui sape les fondements de la grammaire française, et qui ne peut être guéri que par un traitement résolu de ses causes. Pour y remédier, Vairasse

methodical Grammar, if my intended brevity did allow it. I shall there fore content my self with showing the three principal manners of construing verbs, (which is the most necessary part of Construction) afore I finish this small tract» (p. 128). Les trois constructions dont il s'agit sont les tournures affirmative, négative et interrogative avec le verbe conjugué. Dans la *Grammaire methodique*, la syntaxe a reçu une place assez importante (p. 435-498).

[26] Vairasse d'Allais attribue vingt-quatre lettres à l'alphabet latin: *a, b, c, d, e, f, g, h, i, k, l, m, n, o, p, q, r, s, t, u, x, y, z,* &. L'auteur fait remarquer que *x, z* et & n'étaient que des abréviations (pour *gs* ou *cs, ds* ou *ts,* et pour la conjonction *et*), que *z, k* et *y* ne se rencontrent que dans des mots dérivés du grec, et que *c, k, q,* représentent un même son, «ne doivent être contées que pour une seule letre ou son très simple representé en trois figures»; de cette façon il lui est possible de n'attribuer que dix-huit lettres à l'alphabet latin original (*Grammaire methodique*, p. 4-5). Ces remarques ne figurent pas dans la *Short and Methodical Introduction*.

[27] Cf. *A Short and Methodical Introduction*, p. 3-4 (avec des exemples, parmi lesquels *enfermée*, où le signe *e* représente quatre sons différents).

d'Allais, respectant les exigences d'une représentation distincte et uni-
voque, ne voit d'autre cure que de développer un «alphabet méthodique», correspondant aux trente sons simples et distincts de la langue
française.

> L'Alphabet methodique que je propose ici peut exprimer tous ces trente sons
> d'une maniere claire & distincte sans rien changer à l'etymologie des mots, sans
> presenter aux yeux du Lecteur des caracteres inconnus & choquants & sans
> renverser les loix de la Prosodie (*Grammaire methodique*, p. 6-7).

Vairasse d'Allais propose cet alphabet comme un projet de réforme de
l'orthographe française, pour rendre celle-ci «facile & raisonnable»;
mais il ajoute aussitôt qu'il ne prétend pas le prescrire «au public ni à
personne en particulier» (*Grammaire methodique*, p. 7), en dépit de sa
ferme croyance dans le bien-fondé de son système.

> La plûpart des gens aiment mieux juger des choses avec temerité, que les
> examiner avec soin; parce que le jugement est promt & facile, & l'examen long &
> penible. Mais lorsqu'on propose des veritez solides, il ne faut pas douter qu'avec
> le tẽs elles ne triomphent de l'erreur & de l'ignorãce, & qu'elles n'acquierent enfin
> une approbation publique. Quelque injuste que soit le Siecle present, la Posterité
> rend tôt ou tard justice; & si cet Alphabet est fondé en raison, comme j'en
> suïs persuadé, il ne faut point douter du bonheur de sa destinée (*Grammaire
> methodique*, p. 7-8).

L'alphabet méthodique que Vairasse d'Allais propose — et qui s'insère
dans une passionnante évolution de réformes orthographiques au XVIIe
siècle —[28] contient non pas trente caractères, comme on pourrait s'y
attendre, mais trente et un. L'auteur distingue neuf voyelles différentes,
désignées par les signes *a, e, ε, i, e, o, eu, ou, u* (*Grammaire methodique*,
p. 9; *A Short and Methodical Introduction*, p. 5). On ne peut que louer
l'auteur d'avoir fait la distinction entre *e ouvert* («*net, fer, tetu, procês*»,
Grammaire methodique, p. 10; cf. *A Short and Methodical Introduction*,
p. 10-11 [29]), un *ε masculin* («*εtat, biεn, bonté, εté*», *Grammaire methodique*, p. 10; cf. *A Short and Methodical Introduction*, p. 11 [30]) et un

---

[28] Après 1670, les propositions de réforme orthographique se succèdent à un rythme
effréné: Nicolas Bérain (1675), le P. Pomey (1676), le *Dictionnaire* de Richelet (1679-1680),
Vairasse d'Allais (1681), et Augustin Nicolas (*Discours sur l'orthographe*, 1693). Sur ces
propositions et la résistance qu'elles ont rencontrée de la part des imprimeurs, voir
F. Brunot, *Histoire de la langue française des origines à nos jours*. Tome IV: *La langue
classique 1680-1715; Première partie* (rééd.), Paris, A. Colin, 1966, p. 112-126.

[29] Notons qu'ici l'auteur distingue un *e* ouvert bref (par exemple dans *net, bref, mortel*)
et un *e* ouvert long (par exemple dans *tetu, crême, accês*); le mot *crême* doit être une erreur
d'impression pour *crême*).

[30] De même que pour l'*e* ouvert, l'auteur distingue ici entre un *ε* masculin bref et un
ε masculin long.

e féminin («*besoin, dire, pâte, âme*», *Grammaire methodique*, p. 10; cf. *A Short and Methodical Introduction*, p. 12-13)[31]. Mais cette brève illustration est un bel exemple de méthodicité déraillée, non contrôlée: l'auteur ne souffle mot du statut des signes diacritiques (accent aigu, accent circonflexe) qui s'ajoutent à certains de ces caractères vocaliques. Ces derniers ne sont donc, apparemment, pas tout à fait distinctifs... Surprenante aussi cette distinction typographique entre *a* et *ɑ*, non incluse dans l'alphabet méthodique, alors que l'auteur distingue, une page plus loin, entre *a bref* et *ɑ long*, le premier son se rencontrant dans *attaqua, attaché*, le second dans *paté* et *thɛâtre* (*Grammaire methodique*, p. 10). Curieusement, l'alphabet méthodique dans la *Short and Methodical Introduction* (p. 5) ne contient qu'un seul caractère *a*, alors que l'auteur y oppose (p. 10) un *a bref* («Short (a): tachɛr, *to spot or stain*, une patte *a paw*») et un *ɑ long* («*Long (*ɑ) tachɛr *to endeavour*, de la pâte (*sic*) *paste, dow*, lɑssɛr *to tire*»). Ce passage pourrait fournir une explication à la question pourquoi Vairasse n'a pas retenu deux caractères différents dans son alphabet méthodique: il s'agirait finalement d'une distinction de longueur, comparable à celle entre *e* ouvert long et *e* ouvert bref, ou entre ɛ masculin long et ɛ masculin bref. Reste que l'exposé de Vairasse n'est guère un exemple convaincant de cohérence conceptuelle, si l'on tient compte du fait que dans la *Grammaire methodique* la discussion de l'opposition entre *a* bref et *ɑ* long est introduite de la façon suivante:

Les preuves necessaires pour faire voir l'utilité de cet Alphabet demanderoient autant d'articles qu'il y a de difficultez dans notre orthographe, ce qui ne se peut faire sans passer dans un detail contraire à la brieveté que je me suis proposé dans ce petit Ouvrage; je me contenterai donc d'expliquer succintement les figures nouvelles dont je me sers pour la distinction des letres (*Grammaire methodique*, p. 9-10).

Cette construction prometteuse est encore sapée par des passages où l'esprit de méthode — fidèle à la réalité phonétique — s'incline devant le maintien de l'orthographe étymologique, parfois «améliorée»:

Eu est une veritable voyelle sous l'apparence d'une diftongue. Ce qu'on peut voir dans ces mots, *peu, feu, neutre, meute, pudeur*, & c. Dans les preterits des verbes nous la prononçons comme un *u* simple: comme aussi dans quelques autres mots. Exemples: *n.* eûmes, ou ûmes: *v.* eûtes, ou ûtes: *une meure*, ou une mûre (...) Nous prononçons le plus souvent un *e* comme un *a* devant une *m* ou un

---

[31] D'après l'abrégé anglais (p. 12), ce dernier son «sounds almost like an (e) but shorter»; Vairasse y ajoute que le son «sounds much like the English (e) in these words *below, because, a table*, &c.» (p. 13).

n, ce qui fait un grand embarras dans la lecture. Pour l'éviter je le marque d'un point à la teste en cette manière: é: *émploi, prudént, énténdemént* (*Grammaire methodique*, p. 10-11).

En général, la description et la notation des voyelles nasales manquent de clarté et de précision [32]. Le bilan n'est guère plus positif du côté des sons non vocaliques: outre la distinction gratuite — du point de vue méthodique — entre un signe pour l'*h muet* et un autre pour l'*h aspiré* [33], l'opposition entre un *r doux* (signe *r*) et *r rude* (signe *r̃*), illustrés respectivement par les mots *oraison* et *raison* pèche par subtilité. Et Vairasse d'y ajouter:

> Bien que cet Alphabet peût suffire pour representer distinctement tous les sons de notre Langue; néanmoins à-cause de la coutume, & pour conserver l'étymologie de plusieurs mots, il est bon d'y ajouter les figures suivantes (*Grammaire methodique*, p. 12).

Il s'agit, entre autres, de «y pour i» (*syntaxe, venez-y*), «g pour j consone» (*genereux*), «ç pour s» (*ça, façon*), «ch pour k» (*choeur*), «ph pour f» (*philosophe*). On comprendra, à partir de cette remarque auto-destructive, que Vairasse en vient à parler dans la suite de son exposé [34], des véritables diphtongues ou triphtongues, opposées aux «douteuses» et «fausses» — jamais notées comme des voyelles simples —, et des lettres muettes, divisées en deux sortes: «celles qui ne se prononcent point, & celles qu'on prononce en des endroits, & non en d'autres» (*Grammaire methodique*, p. 21).

Finalement, cette réforme, à première vue hardie, que propose Vairasse n'est pas appliquée à travers la *Grammaire methodique*, sauf dans la discussion de certains paradigmes verbaux (p. 201, 254-256, 289, 293) et dans les tables des conjugaisons (p. 259-273, 282-288, 299-306). Mais aucune trace n'en subsiste dans la discussion des verbes irrégu-

---

[32] En fait, la nasalisation des voyelles est rejetée dans le domaine des signes consonanti-ques, où l'auteur distingue entre un *n nasal* (dans *reine, peine*), et un *n ronflant* (signe *n*; dans *conte; garçon*). Cf. *Grammaire methodique*, p. 11; *A Short and Methodical Introduction*, p. 22-23. Qu'il s'agisse bien du son vocalique nasal, cela devient évident par le passage où l'auteur fait remarquer que ce dernier son «when it is final and is close joined with a following word that begins with a consonant, then it is pronounced as the primitive (n) *Exp*. Un ami *a friend*, un bon homme *a good man*, ton Epée *thy sword*» (ibid., p. 23).

[33] Notons que Vairasse ne fait pas remarquer que le signe du *h muet* ne correspond à aucun son.

[34] Cf. *Grammaire methodique*, p. 13-20 (diphtongues et triphtongues); p. 21-27 (lettres muettes). Sur les diphtongues et triphtongues, voir également *A Short and Methodical Introduction*, p. 30-37.

liers [35] et dans les tables qui l'accompagnent (p. 319-378). Ici encore, la méthodicité de cette réforme orthographique est étouffée dans l'œuf.

Moins originale — mais également moins contradictoire —, la description morphologique est centrée autour du schéma traditionnel des parties du discours. Vairasse élimine parfois les considérations sémantiques et référentielles pour se concentrer sur les propriétés formelles des classes de mots. Pour le nom, l'auteur se borne à le définir comme un mot «qui sert à signifier les choses sans aucune circonstance de tems ni de personnes» (*Grammaire methodique*, p. 56) [36], et il le divise en nom *substantif* et *adjectif* [37]. Mais la discussion est axée sur les «accidents ou circonstances qui accompagnent le nom» (*Grammaire methodique*, p. 57): l'espèce (p. 57-60), la figure (p. 61), le genre (p. 61-72), le nombre (p. 73-78), les cas (p. 78-83), la déclinaison (p. 83-114) et la comparaison, caractéristique des noms adjectifs (p. 114-129) [38]. Mise à part l'espèce des noms, ces caractéristiques sont en premier lieu d'ordre formel et Vairasse prend soin de décrire systématiquement les variations formelles. À première vue, la distinction entre *cas* et *déclinaison* pourrait surprendre, mais Vairasse traite de deux choses différentes: les emplois morpho-syntaxiques des noms [39], et la détermination du nom. Or c'est justement dans sa

---

[35] Les verbes irréguliers sont divisés par Vairasse en verbes complets («qui ont tous leurs modes, leurs tems & leurs personnes») et verbes défectifs («ceux ausquels il manque quelque mode, quelque tems ou quelque personne»); cf. *Grammaire methodique*, p. 319. Vairasse présente les verbes irréguliers dans l'ordre des conjugaisons auxquelles ils appartiennent (p. 321-357) et passe ensuite aux verbes irréguliers «dont la Conjugaison est difficile & incertaine» (p. 358-378). Notons que dans la *Short and Methodical Introduction* les verbes irréguliers ne sont pas discutés; la section consacrée au verbe (p. 67-123) consiste essentiellement en une suite de paradigmes verbaux (verbes réguliers des quatre conjugaisons; verbes pronominaux; le passif des verbes).

[36] *A Short and Methodical Introduction*, p. 41: «A NOUN is a sign given to things that are sensible, or at the least intellectual».

[37] La distinction est assez nette dans la *Short and Methodical Introduction*, où les adjectifs sont traités (p. 55-59) après les substantifs (p. 45-55). Dans la *Grammaire methodique*, il y a un chapitre séparé sur les noms adjectifs (p. 114-121) et leurs degrés de comparaison (p. 122-129), mais dans sa discussion de la figure et du genre des «noms» (p. 61), Vairasse donne des exemples avec des adjectifs.

[38] Ces distinctions ne sont pas faites dans l'abrégé anglais.

[39] Vairasse fait remarquer que «le Cas est proprement une chûte du Nom, ou l'un de ses accidens qui sert à le distinguer selon ses diverses inflexions & ses manieres distinctes de signifier» (*Grammaire methodique*, p. 78). L'auteur observe que le français n'a pas de cas, au sens morphologique (*Grammaire methodique*, p. 78 et p. 83-84), mais qu'il se sert de certains éléments pour rendre les rapports sémantico-syntaxiques entre les syntagmes et leurs constituants («Et quoi-que notre Langue derive principalement de la Latine; neanmoins elle ne l'a point imitée dans ces differentes terminaisons du Nom, mais a tiré des Allemans cette miserable maniere d'user de certains articles ou particules prepositives pour la distinction des cas dont elle se sert aujourd'hui, de-même que ses deux sœurs, la Langue Italienne & l'Espagnole. Cependant comme nous avons appris la Grammaire des Latins,

description des déterminants du nom que Vairasse se montre un grammairien attentif, procédant méthodiquement.

De prime abord, Vairasse rejette la division des articles en définis (*le*, *la*, *les* et leurs cas obliques) et indéfinis (*de* et *à*), arguant que «tous ces Articles sont quelquefois *definis*, & d'autres fois *indefinis*, selon la differente signification des mots avec lesquels ils sont construits» (*Grammaire methodique*, p. 85). Ainsi, l'article *de* a une valeur définie quand il est joint à un nom propre (*La gloire de Louis est grande*), mais il est indéfini avec des noms communs (*C'est un plaisir de roi*). L'auteur montre que la même observation vaut pour «l'article» *à* et pour tous les cas obliques des articles (*Grammaire methodique*, p. 86-91). Détermination et indétermination ne dépendent donc pas de la forme des articles, mais de la «signification des termes ausquels ils sont attachez» (*Grammaire methodique*, p. 91). Dans «la grandeur de Dieu», l'article *de* a une signification déterminée, et dans «l'homme est un animal raisonnable» l'article *le* (*l'*) a une signification indéterminée.

Reste le problème de l'article partitif, auquel ne correspond rien en anglais (*du pain: bread; du vin: wine*)[40]. Ici, Vairasse d'Allais recourt à une distinction, originale et opératoire, entre noms *dividuels* et noms *individuels*. Il s'agit d'une division, à l'intérieur des noms appellatifs, qui est fondée sur une caractéristique sémantico-référentielle:

> J'appelle Noms Dividuels ceux dont on se sert pour representer les matieres divisibles, & dans lesquelles on n'a point d'égard à la forme ou figure, ni à aucune quantité determinée: de-sorte que si l'on vient à diviser ces matieres en plusieurs parties, ces parties retiennent aussi-bien le nom du tout, que le tout même (...)
>
> Mais par les Noms Individuels, j'entens ceux qu'on donne aux substances bornées par la forme ou la figure, & qui tombent dans l'idée du nombre, c'est-à-dire d'un ou de plusieurs, & dont on ne peut diviser les parties integrantes, qui les font ce qu'ils sont, sans les detruire & les faire cesser d'être ce qu'ils etoient auparavant (*Grammaire methodique*, p. 101-103).

Cette division en «noms de masse» et noms désignant des unités discrètes est appuyée par certaines données morpho-syntaxiques: les noms dividuels n'ont pas de pluriel, alors que les noms individuels peuvent être quantifiés (*un cheval, deux, trois, ... chevaux*). Dans la *Short and*

---

nous avons esté contraints d'emprunter leurs termes, & de suivre leur methode en plusieurs choses, quoi-qu'elle ne soit guere conforme en bien des endroits, au genie & à la constitution de notre Langue», p. 79). Pour un commentaire sur la discussion des cas chez Vairasse, voir J.-C. Chevalier, *Histoire de la syntaxe. Naissance de la notion de complément dans la grammaire française (1530-1750)*, Genève, Droz, 1968, p. 583-586.

[40] *A Short and Methodical Introduction*, p. 51-52.

Methodical Introduction, Vairasse reprend cette dichotomie, en la pourvoyant d'un fondement aristotélicien, à savoir la distinction entre matière et forme.

Appellative nouns are of two sorts, some signifie only the matter, a thing consists of, and others represent that matter vested with a forme *or* figure: the former, I call *dividual*, or *material nouns*, and the latter *formal*, or *individual* (*A Short and Methodical Introduction*, p. 50-51).

La distinction entre noms individuels et noms dividuels a également une fonction pédagogique: elle rend compte de la différence dans le système de «déclinaison» de ces deux types de noms. Dans la *Grammaire methodique*, les paradigmes présentant les «déclinaisons» des noms individuels et dividuels occupent les pages 104 à 114. Dans la *Short and Methodical Introduction*, les paradigmes, plus condensés, couvrent quatre pages (51-54). Ici, l'utilité pédagogique de la distinction est rehaussée par une divergence importante dans le système qui y correspond en anglais: absence d'article avec les noms matériels ou dividuels (*du pain: bread/ some bread/any bread; de la bière: beer/some beer/any beer; de l'or: gold/some gold/any gold*), présence des articles avec les noms formels ou individuels (*un garçon: a boy; le garçon: the boy; une fille: a maid; la fille: the maid*). Le pluriel des noms individuels semble incorporer une distinction analogue (*des garçons: boys/some boys/any boys; les garçons: the boys*), mais il s'agit là d'une donnée morphologique qui n'a aucun rapport avec la distinction sémantique des noms appellatifs en noms dividuels et nom individuels. Cela apparaît d'ailleurs du fait que ces formes se rencontrent au *pluriel* (des noms individuels), nombre inexistant dans les noms dividuels.

Moins audacieuses, les sections consacrées au pronom[41], au verbe[42],

---

[41] *Grammaire methodique*, p. 129-177. Vairasse y discute les accidents du pronom: genre, nombre, cas, figure, personne, espèce, déclinaison. Ensuite il passe à la division des pronoms en *personnels* (p. 136-142), *possessifs* (p. 142-151), *démonstratifs* (p. 151-157), *interrogatifs* (p. 157-162), *relatifs* (p. 162-169) et *indéfinis* (p. 169-177). Exposé succinct dans *A Short and Methodical Introduction*, p. 59-67.

[42] *Grammaire methodique*, p. 178-378. Après avoir discuté les huit accidents du verbe (genre, figure, espèce, mode, temps, personne, nombre et conjugaison), l'auteur examine la prononciation des pronoms personnels devant les verbes (p. 247-258). Ensuite viennent les tables des conjugaisons (p. 259-274), et l'analyse des verbes réfléchis, réciproques (p. 275-292), des verbes de mouvement (p. 292-298), de la voix passive (p. 298-307) et des verbes impersonnels (p. 307-317). La dernière partie (p. 319-378) est consacrée à un examen détaillé des verbes irréguliers (cf. note 35).

à l'adverbe[43], à la préposition[44], à la conjonction[45] et à l'interjection[46], sont centrées autour des «accidents» de ces parties du discours.
Vairasse nous offre une analyse patiente et minutieuse, bien structurée,
de leurs principales caractéristiques; le tout est illustré par des exemples
abondants et des tables synthétiques, destinées à être mémorisées. Mais,
à quelques exceptions près[47], la démarche est loin d'être originale et suit
les divisions traditionnelles, arrangées selon un plan que Vairasse a
fermement pensé.

Entre l'analogie et la syntaxe s'intercale un bref chapitre sur l'étymologie (*Grammaire methodique*, p. 421-434). Vairasse la définit comme la
partie de l'analogie qui montre «la derivation des mots, la difference des
cas, & la formation de toutes les dictions derivées, qui sont dans une
langue» (p. 421). Distinguant l'étymologie *éloignée* («qui va chercher
dans les Langues étrangeres l'origine de quelque mot reçu dans la
Langue», p. 421-422) et l'étymologie *prochaine* («qui montre l'origine ou
derivation des mots dans une même Langue, & la maniere de les former
les uns des autres», p. 423), Vairasse ne s'occupe de cette dernière.
L'auteur nous fournit un bref aperçu des catégories dérivationnelles du
français (formation des diminutifs et des augmentatifs; noms déverbaux
en *-ment, -tion, -ence, -age, -eur/-euse*), tout en y mêlant les catégories
flexionnelles (participes actifs et passifs, susceptibles d'être substan-
tivés)[48]. Vairasse, ayant commencé par un classement formel, passe à un
aperçu sémantique: la dérivation des «noms de Nations, de Province ou
de Partie» (p. 431), les adjectifs ou substantifs exprimant la plénitude ou
l'abondance (p. 431-432), et il ajoute:

[43] *Grammaire methodique*, p. 378-391. Vairasse distingue quatre accidents: l'espèce,
la figure, la signification et la comparaison. Cf. *A Short and Methodical Introduction*,
p. 124-127.

[44] *Grammaire methodique*, p. 391-412. Vairasse distingue seulement entre prépositions
séparables (*dans, devant, derrière, ...*) et prépositions inséparables (*ab-ject, ad-mettre,
con-fronter, ...*), et fournit un commentaire détaillé à propos de la signification des
prépositions latines et françaises. La *Short and Methodical Introduction* ne contient pas de
chapitre consacré à la préposition.

[45] *Grammaire methodique*, p. 412-418. Vairasse relève trois accidents: la figure, la
signification et l'ordre (ou position). La conjonction n'est pas analysée dans la *Short and
Methodical Introduction*.

[46] *Grammaire methodique*, p. 418-420 (classement d'après les passions exprimées par les
interjections); l'interjection n'est pas examinée dans la *Short and Methodical Introduction*.

[47] Voir par exemple la discussion des modes verbaux, divisés en modes *directs* (indicatif
et impératif) et modes *obliques* (comprenant le conditionnel, l'optatif, le subjonctif et
l'infinitif; cf. *Grammaire methodique*, p. 186-187). Vairasse se montre également original
dans quelques remarques sur l'orthographe des formes verbales.

[48] Voir également la conclusion de ce chapitre (p. 433-434), où Vairasse renvoie à son
traitement des accidents du nom, du pronom, du verbe et de l'adverbe.

Enfin de peur d'estre ennuyeux je finirai ce dernier chapitre de l'analogie, en disant qu'il y a plusieurs terminaisons assez frequentes dans notre Langue qui ont un air particulier: ce qu'il est facile de remarquer dans le discours & dans la lecture des livres; comme les noms terminez en *ude*, en *ile*, en *ique*, en *esque*, en *atre* ou *astre* & autres (*Grammaire methodique*, p. 432-433).

Reste la syntaxe, qui selon Vairasse d'Allais doit traiter de «l'assemblage ou arrangement artificiel des diverses parties du discours, pour la composition reguliere des Sentences, des Phrases, & des Periodes, selon le genie & la constitution de chaque Langue» (*Grammaire methodique*, p. 435). Vairasse la divise, en s'écartant de l'exemple des Port-Royalistes [49], en deux branches:

LA CONSTRUCTION OU ARRANGEMENT des mots & le RÉGIME, *dependence* ou *rapport* que les parties ont entr'elles (*Grammaire methodique*, p. 436) [50].

Par construction, Vairasse n'entend rien d'autre que l'ordre respectif des mots, propre à chaque langue. Le traitement de la construction française — correspondant à l'ordre naturel — inclut des remarques, purement formelles, sur les phrases affirmatives, négatives et interrogatives (aux temps simples et composés), et des règles normatives (p. 457-466) sur la place des articles, pronoms, adjectifs, participes et prépositions relative à celle du substantif qu'ils accompagnent. Plus systématique est la section (p. 467-498) consacrée au régime, que Vairasse introduit de la façon suivante:

LE RÉGIME ou Concordance des Parties du Discours, est proprement le rapport que les termes ont entre eux, pour la composition reguliere des Phrases & des Periodes (*Grammaire methodique*, p. 467).

Vairasse établit une distinction fonctionnelle entre les termes régissants (ou «parties principales») et les termes régis. La catégorie des parties principales inclut le nominatif et le vocatif du nom substantif, l'antécé-

[49] Ceux-ci avaient distingué entre *syntaxe de convenance* et *syntaxe de régime* (*Grammaire generale et raisonnée*, Paris, 1660, p. 140); la syntaxe de convenance a comme objet la concordance entre l'adjectif et le substantif, et celle entre le verbe et le substantif ou pronom qui en est le sujet. La syntaxe de régime, qui diffère d'une langue à l'autre, étudie les rapports de détermination dans la phrase. Ces deux types de syntaxe constituent la syntaxe naturelle, qui se différencie de la syntaxe non naturelle, relative aux figures de construction (syllepse, ellipse, pléonasme, ...). Voir R. Donzé, *La Grammaire générale et raisonnée de Port-Royal. Contribution à l'histoire des idées grammaticales en France*, Bern, Francke, 1967 (1971²), p. 159-171.

[50] Cette distinction rappelle la définition de Chiflet: «La *Syntaxe*, n'est autre chose, que la construction & l'arrangement des mots, selon la convenance qu'ils ont entre eux; ou selon la force que l'un a de regir ou de gouverner l'autre, le tirant après soy, de la façon que demande le bon usage» (*Essay d'une parfaite grammaire de la langue françoise*, Anvers, 1659, p. 130).

dent et les modes directs. L'auteur propose des règles concernant le régime de ces parties principales. Ces rapports de régime ou de dépendance sont appelés, curieusement, «rapports de concordance». Vairasse regroupe ainsi, sous un même chef, la *concordance* de l'adjectif, de l'article, du pronom (possessif, démonstratif, ...) ou du participe avec le nom substantif qu'ils accompagnent[51] (*Grammaire methodique*, p. 468-478), la *concordance* du nominatif avec le verbe (p. 480-481), la *valence verbale* (p. 481-485)[52], le *régime* des modes (p. 485-490), le *régime* de l'infinitif (p. 490-493) et le *régime* de quelques «Noms adjectifs, & des Noms materiels» (p. 493-496)[53]. L'hétérogénéité de cette classification — où les rapports intrasyntagmatiques et intersyntagmatiques s'enchevêtrent —, devient encore plus évidente si l'on tient compte de l'inclusion de la «concordance du relatif avec l'antécédent» (p. 478-480). L'auteur sort ici du cadre propositionnel, en mentionnant l'accord entre un terme anaphorique[54] et son antécédent (*« LES FRANÇOISES en general ne sont pas si belles que les Angloises; mais ELLES sont beaucoup plus aimables»*, p. 479). La raison est que tous ces phénomènes d'accord ou de rection ne sont pas envisagés dans une perspective fonctionnelle globale; le résultat est une organisation branlante, où le manque d'uniformité rend indispensable le recours aux inventaires[55].

Et pourtant cette *Grammaire methodique* est un ouvrage important[56]: Vairasse, tout en adoptant les cadres traditionnels, n'est pas un esprit servile. Il procède d'après un plan qu'il a fermement pensé, sans être capable chaque fois de l'illustrer par des analyses originales. Mais Vairasse recherche la simplification, dans tous les domaines de la grammaire: phonétique et orthographe, morphologie et syntaxe. Cette simplification se manifeste non seulement dans la réforme orthographique qu'il propose, mais également dans un souci constant de définir

[51] L'auteur considère également les cas plus compliqués, comme l'accord avec deux ou plusieurs noms en fonction de sujet.

[52] C'est ici que Vairasse emploie de nouveau les termes «*régime*», «*régir*» et «*gouverner*».

[53] Il s'agit de l'emploi d'une préposition après certains adjectifs et devant les noms exprimant la matière.

[54] Au XVIIe siècle, la classe des relatifs comprenait également les pronoms anaphoriques; cf. notre article «Le pronom relatif chez Chiflet», *Le français moderne* 50: 2, 1982, p. 140-143.

[55] Cf. J.-C. Chevalier, *Histoire de la syntaxe*, o.c., p. 589.

[56] Voir déjà J. Tell, *Les grammairiens français depuis l'origine de la grammaire en France jusqu'aux dernières œuvres connues. Ouvrage servant d'introduction à l'étude générale des langues*, Bruxelles, 1874 (réimpr. Genève, Slatkine, 1967), p. 71: «Cette œuvre, qui sort des productions ordinaires à cette époque, peut marcher de front avec les grammaires de Chiflet, de Desmarais et même de Buffier; seulement elle n'a pas eu de retentissement».

l'approche, de diviser la matière, et de proposer des exemples clairs. Ces qualités théoriques et pédagogiques de l'œuvre grammaticale de Vairasse d'Allais sont le résultat d'un esprit de méthode, qui, en s'appliquant à la grammaire, éprouve des difficultés considérables à harmoniser *forme* et *sens* et à développer une approche fonctionnelle où ces deux aspects s'intègrent.

Odile LE GUERN-FOREL
(Université Lyon 2)

LOUIS THOMASSIN: *LA METHODE D'ÉTUDIER ET D'ENSEIGNER CHRÉTIENNEMENT ET UTILEMENT LA GRAMMAIRE OU LES LANGUES, PAR RAPPORT À L'ÉCRITURE SAINTE, EN LES RÉDUISANT TOUTES À L'HEBREU* (1690)

Au moment où elle subit l'influence de la pensée cartésienne, la réflexion linguistique est avant tout historique et, le plus souvent, théologique. Avant de devenir une science autonome, elle est un moyen d'approfondir le message des textes sacrés, et se constitue progressivement à la lumière de ce message. L'œuvre de Thomassin est exemplaire de ce courant grammatical qui veut, par delà les descriptions qu'il propose, travailler à la construction du Royaume promis par les Écritures.

Louis Thomassin, né à Aix-en-Provence le 28 août 1619, entra dans la Congrégation de l'Oratoire au mois de septembre 1632. Il y acheva ses études et enseigna ensuite les humanités et la philosophie. Attaché au platonisme et à l'augustinisme, il n'ignorait pas les systèmes de Descartes et de Gassendi. Pierre Clair analyse ainsi l'influence de Descartes sur les travaux du Père Thomassin: «On se rendra facilement compte qu'il doit beaucoup à Descartes; en bien des cas il s'inspire de sa méthodologie, c'est-à-dire par exemple de ceci: sans faire toutefois une règle du doute, il y recourt volontiers dans le meilleur esprit scientifique, il insiste comme l'auteur des *Principes de la Philosophie* et des *Règles pour la direction de l'Esprit* sur la nécessité de ne pas compartimenter la connaissance de la vérité là où précisément tout, en dépit d'une variété intéressante en soi, se généralise et s'harmonise dans la participation à la sagesse humaine, naturelle aussi bien que commune à tous. Cependant, à ce dernier sujet Thomassin reprend sa liberté vis-à-vis de Descartes: en effet la sagesse humaine est le plus souvent pour lui la représentation de la sagesse éternelle de Dieu, de sorte que la séparation de la philosophie d'avec la théologie paraît dès lors superflue» [1]. Sa principale inclination le portait

---

[1] P. Clair, *Louis Thomassin (1619-1695). Étude bio-bibliographique* (Coll. «Le mouvement des idées au XVIIᵉ siècle»), Paris, P.U.F., 1964, p. 1-2.

en effet à la théologie. Il l'enseigna à Saumur puis, de 1654 à 1668, au Séminaire de Saint-Magloire à Paris. «Peu content de la méthode sèche des Scholastiques, il ne prit pour guides que l'Écriture, les Pères, et les Conciles» nous dit Nicéron[2]. Il consacra le reste de son temps à la rédaction de nombreux ouvrages qui rendent compte de son expérience pédagogique et témoignent de son souci de placer tout apprentissage sous la lumière théologique. Il est mort le 24 décembre 1695, âgé de soixante-seize ans.

Parmi ses nombreuses publications, il faut relever *La Methode d'étudier et d'enseigner chrétiennement et solidement les lettres humaines par rapport aux lettres divines et aux Écritures*, parue en 1681, *La Methode d'étudier et d'enseigner chrétiennement et solidement la philosophie, par rapport à la religion chrétienne*, parue en 1685, et, enfin, *La Methode d'étudier et d'enseigner chrétiennement et utilement la grammaire ou les langues, par rapport à l'Écriture Sainte, en les réduisant toutes à l'Hebreu*, parue en 1690[3]. Celle-ci sera suivie en 1697 d'un *Glossarium universale hebraicum, quo ad hebraicae linguae fontes linguae et dialecti pene omnes revocantur*.

La formulation des titres est révélatrice à bien des égards : par ce qu'ils ont en commun ou par les variantes qui les distinguent, ils témoignent clairement des intentions de l'auteur. Ces ouvrages s'adressent tout aussi bien aux étudiants désireux de planifier efficacement l'acquisition des connaissances dans un domaine précis du savoir qu'aux enseignants soucieux d'organiser de manière rationnelle une didactique susceptible de les aider dans une telle démarche. Il s'agit dans tous les cas d'indiquer les étapes qui devront obligatoirement jalonner l'itinéraire proposé. Cet apprentissage et cette acquisition d'un savoir quel qu'il soit ne peuvent recevoir de validation que par une confrontation constante avec les Écritures et leur enseignement. Les renvois systématiques aux textes sacrés, à la religion chrétienne ou à la langue hébraïque ne font que reprendre, en l'explicitant, l'adverbe «chrétiennement». Quant à l'apparition de l'adverbe «utilement», dans *La Methode d'étudier et d'enseigner chrétiennement et utilement la grammaire ou les langues*, ouvrage qui retiendra plus particulièrement l'attention du linguiste, elle n'est pas fortuite. Tout d'abord, Thomassin a conscience qu'il est important de définir une progression quand il s'agit d'apprentissage des langues plus

---

[2] *Memoires pour servir à l'histoire des hommes illustres dans la republique des lettres*, 1727, tome III, p. 168.

[3] À Paris, chez François Muguet (deux volumes in-8°). Dans la suite, nous utiliserons l'abréviation *Methode*, 1690 pour renvoyer à cet ouvrage.

encore que pour n'importe quel autre domaine du savoir. Si l'erreur de
l'étudiant mettant en œuvre les premiers éléments d'une compétence
linguistique récemment acquise est souvent profitable, l'impact d'une
erreur dans la définition d'une stratégie pédagogique pour l'enseignement et l'acquisition d'une langue étrangère est rarement positif et
conduit le plus souvent à l'échec. C'est donc tout d'abord en cela que
La Methode du Père Thomassin se veut utile : elle se propose de mener à
bien l'acquisition d'une langue étrangère, d'éviter ainsi toute tentative
avortée. Soulignons qu'il est question de langues, et le plus souvent de
langues étrangères. En effet, *La Methode* du Père Thomassin vise
l'acquisition d'un savoir théorique, auquel renvoie le mot «grammaire»,
mais aussi d'une compétence tout à fait pragmatique : celle de communiquer avec tous ses semblables. Elle se veut donc utile dans les buts
qu'elle se propose. Par delà la maîtrise de plusieurs langues étrangères et
par delà la possibilité de communiquer avec un nombre toujours plus
grand d'êtres humains, ses ambitions sont enfin apostoliques : elle devient
ainsi utile à la propagation de la parole de Dieu et à la construction de
son Royaume. Donner les moyens d'étudier les langues, se consacrer à
leur apprentissage systématique,

C'est faciliter la propagation de l'Évangile et de l'Église par tout le monde, selon
les promesses du Fils de Dieu ; en procurant un moyen nouveau, court et solide,
d'entendre et de se faire entendre par tout ... C'est enfin travailler à prevenir en
quelque façon la felicité consommée de la vie du Ciel, où nous ne parlerons tous
qu'une mesme langue, non pas par le mépris, ou par l'ignorance des autres, mais
par leur retour et leur réunion en celle dont elles estoient toutes émanées, et qui
les contient encore toutes (*Methode*, 1690, p. 70-71).

Ainsi se définit l'utilité de *La Methode* du Père Thomassin et la nécessité
qu'il y a de parvenir aux buts qu'elle se propose, à savoir l'acquisition
d'un savoir grammatical et de compétences linguistiques nouvelles.

Avant d'indiquer les étapes de ce double apprentissage, Thomassin
expose les fondements de sa *Methode*. Elle repose tout d'abord sur une
première conviction[4] qu'il s'agit de faire partager par le lecteur : il est
nécessaire de remonter à la langue des origines, c'est-à-dire à l'hébreu.
Thomassin envisage pour l'hébreu la possibilité d'être

la langue unique et universelle, non imaginaire, mais réelle et toute trouvée, dans
laquelle chaque nation trouveroit celle qu'elle parle déjà, et qu'elle découvriroit
aussi dans les termes dont elle use pour signifier toutes sortes de choses. L'idée de
la langue universelle a quelque chose de surprenant, qui donne plus d'admiration

---

[4] Il s'agit bien de conviction plus que d'hypothèse de travail. Thomassin fait œuvre de
chrétien avant de faire œuvre de linguiste.

ou de désir, que d'esperance; parce que quand elle seroit trouvée, il faudroit encore que tous les hommes l'apprissent, ce qui n'est pas mesme à esperer. Ce n'est pas aussi dans ce dessein, ou dans cette idée que j'ai donné. Mon travail et mon ouvrage ne consiste qu'à faire voir que toutes les langues qui se parlent par le monde ont tant de rapport et tant de convenance avec l'Hebraïque, et ensuites entre elles, qu'il n'y a qu'à les bien penetrer, et à faire comme l'analyse, et l'exacte discussion de tous leurs termes, je dis des termes de chacune d'entre elles, pour entendre l'Hebraïque, et en elle toutes les autres, avec une application et un travail mediocre (*Methode*, 1690, p. 75-76).

La démarche est donc étymologique. La métaphore souvent reprise du ruisseau et de la source pour distinguer les langues dérivées de la langue hébraïque indique clairement que l'entreprise de Thomassin adopte une perspective historique. Un autre Oratorien, Bernard Lamy, dans sa *Rhetorique*, utilisera plutôt des métaphores explicatives faisant référence à d'autres systèmes sémiologiques: l'architecture, la peinture. La perspective est alors plus synchronique[5]. «La science des origines et des étymologies» (*Methode*, 1690, p. 76), représentée surtout par Bochart, est considérée par beaucoup, selon Thomassin lui-même, comme un amusement dont le but est de divertir et non pas d'instruire. Il ne perdra pas une occasion de la défendre vigoureusement et de lui rendre ses titres de noblesse:

les Étymologies ... n'ont rien de bas, rien de pueril, rien de superficiel. C'est au contraire une des plus belles, des plus importantes, et des plus nobles sciences; puis qu'elle embrasse la connoissance des choses sacrées et profanes, des anciennes et des nouvelles, l'histoire et la Théologie; et qu'elle nous ramene dans nostre divine et celeste origine (*Methode*, 1690, p. 79).

Pour lui ôter tout caractère de gratuité, Thomassin fera en sorte de ne jamais perdre de vue le projet pédagogique qu'il s'est fixé. Il exploitera une des opérations clefs de cette science, la comparaison: il en résultera ce qu'il convient d'appeler une lexicologie comparée. *La Methode d'étudier et d'enseigner chrétiennement et utilement la grammaire ou les langues* consiste en grande partie, tout le deuxième volume et près de la moitié du premier, en glossaires des langues runique, malaye, saxonne, grecque et latine dont le but est de souligner la relation de parenté de

---

[5] À ce propos, G. Rodis-Lewis («Un théoricien du langage au XVIIᵉ siècle: Bernard Lamy», *Le Français moderne* 36, 1968, p. 19-50) note une évolution de la pensée à travers les différentes éditions de sa *Rhetorique* (*De l'art de parler*, 1675; rééditions en 1676, 1678, 1679, 1685, 1688 – à partir de cette date sous le titre *La Rhetorique ou l'Art de Parler* –, 1699, 1701, 1712, 1715, 1720, 1725, 1741, 1757): plutôt favorable d'abord à une conception platonicienne de la langue d'origine, il «l'a notablement atténuée par la suite, peut-être sous l'influence des critiques de Malebranche» (p. 21-22).

ces langues avec l'hébreu. De ceci découle une deuxième conviction : toutes les langues se ressemblent parce qu'elles s'apparentent en fin de compte toutes à l'hébreu. D'une certaine manière, *La Methode* du Père Thomassin repose sur un des principes de la grammaire générale : toutes les langues possèdent en commun un certain nombre de traits dont l'explicitation et la description sont à la base de toute grammaire particulière.

Concrètement, comment s'applique une telle méthode fondée sur la pratique systématique de la comparaison ? Comment se réalise un apprentissage linguistique dont le point de départ est l'établissement d'un certain nombre de relations de relative analogie entre les termes de deux langues données, relation dont la transitivité pourra être exploitée à l'infini ? Tout en défendant la démarche étymologique qu'il propose, Thomassin décrit ainsi le cheminement d'un candidat à l'apprentissage des langues dont la langue maternelle serait le français :

rien n'est plus solide, rien n'est plus digne de la recherche et de l'étude serieuse des hommes, que d'examiner les termes que nous avons tous les jours dans la bouche, et de découvrir d'où ils nous sont venus. Par exemple de découvrir en France, si les termes François dont nous nous servons communément, nous sont communs avec les Italiens et les Espagnols. Si sçachant ces termes François, nous sçavons aussi ceux de la langue Italienne et de l'Espagnole. Si dans nostre seule langue maternelle nous en possedons trois ; à peu près comme dans chacune des Dialectes qui se parlent dans la France, on entrevoit et on comprend toutes les autres. D'où vient cette convenance de l'Italien et de l'Espagnol avec le François ; et puis qu'on convient, et qu'il est très-visible, que c'est parce que ce sont trois Dialectes de la langue Romaine, ou Latine ; celle que l'Empire Romain parla et étendit dans toutes ces contrées Occidentales : après cela il n'y a rien de plus utile, ou de plus digne de l'application des gens d'esprit, que d'examiner, si les termes de la langue Latine ont la mesme convenance avec quelque autre langue, dont ils tirent aussi une origine aussi ancienne à proportion que celle que le François, l'Italien et l'Espagnol tirent d'elle. On ne peut hesiter long-temps sur ce doute ; car les Latins ont reconnu que leur Idiome estoit émané du Grec au moins en partie ; les Grecs en convenoient aussi, enfin l'Italie mesme s'appeloit autrefois la Grande Grece. Le raisonnement et une juste curiosité vont plus loin, et veulent s'informer, si la conformité du Grec et du Latin est si grande, qu'on puisse dire que ce n'est qu'une mesme langue, de la mesme façon que les langues romanes, le François, l'Italien et l'Espagnol, n'en font qu'une avec la Latine.

En tout cela il n'y a rien de pueril, rien de frivole, rien qui ne soit digne d'occuper les plus grands hommes, principalement si après ce second degré on passe à un troisiéme, de sçavoir quelle a été la mere de la langue Grecque, ou Latine, quelle son origine (*Methode*, 1690, p. 76-77).

On le voit, *La Methode* du Père Thomassin ne vise pas l'acquisition d'une seule langue étrangère mais bien de plusieurs, voire même du plus grand nombre. Il faut pour cela partir de sa langue maternelle et mener son apprentissage en parallèle avec celui des langues appartenant à la même famille linguistique, en opérant toujours par comparaisons successives. Il est possible de mener à bien l'acquisition de plusieurs langues étrangères à la condition de les choisir relativement proches de sa langue maternelle et proches les unes des autres par leurs structures sémantiques et phonologiques. Thomassin est fasciné par ces étymologies « qui nous font faire le tour du monde » (*Methode*, 1690, p. 79). C'est en effet à un extraordinaire voyage qu'il nous convie par leur intermédiaire, mais si l'on veut qu'il se poursuive dans l'espace, il faut également l'envisager dans le temps. D'où la nécessité d'apprendre en même temps que l'italien et l'espagnol, le latin, qui rendra plus aisé l'apprentissage de ces deux langues, en mettant en évidence leurs structures communes, et qui sera l'étape nécessaire à l'apprentissage du grec et, enfin, de l'hébreu. Alors,

La satisfaction ne sera pas petite quand on sera convaincu, que nostre langage commun est celuy de l'Écriture, que tous nos termes en sont émanez, et y sont compris ; que les mots vulgaires réduits à cette divine source contiennent des sens et des veritez, qui ne sont nullement vulgaires (*Methode*, 1690, p. 68).

Thomassin a cependant conscience du statut tout à fait particulier de la langue hébraïque qui

ne se parle plus nulle part toute pure, afin que sa pureté se conserve uniquement et inviolablement dans l'Écriture sainte, jusqu'à la fin des siecles

mais qui, dit-il,

se parle presque par tout le monde dans ses Dialectes (*Methode*, 1690, p. 72).

Il y a là un paradoxe qui, selon Thomassin, participe du caractère sacré et divin de la langue hébraïque « unique et universelle ». Elle est « unique » parce qu'elle est épargnée par la punition infligée par Dieu au moment de l'édification de la Tour de Babel : l'apparition des autres langues de l'univers ne passe pas par la division et la dispersion de la langue d'origine. Mais elle est « universelle » puisque toutes en sont cependant émanées. Si Thomassin introduit très nettement une hiérarchie entre les langues, du moins se garde-t-il de mépriser les langues dérivées au profit de la langue des origines. Il ne faudrait pas interpréter dans ce sens l'utilisation du mot « dialecte ». Il ne s'agit pas de remonter par paliers successifs à l'hébreu pour oublier ensuite toutes les langues inter-médiaires qui ont marqué les étapes de cet apprentissage. Le retour à la langue des origines ne passe pas par la négation des langues issues de la Tour de Babel. La langue originelle est aussi le point de départ de toute une série de nouveaux apprentissages linguistiques et ne peut plus être seulement la langue des origines sans témoigner aussi de l'histoire des hommes. Ces apprentissages successifs se feront toujours selon le principe de la comparaison lexicale, Thomassin étant convaincu que toute acquisition d'une langue, qu'elle soit maternelle ou seconde, repose sur la reconnaissance d'une relation d'équivalence entre deux signes. Ces deux signes sont arbitraires et appartiennent à deux systèmes arbitraires dans le cas de l'apprentissage d'une langue seconde autre que l'hébreu. L'un est arbitraire et linguistique, l'autre est naturel et gestuel par exemple dans le cas de l'apprentissage de la langue maternelle. Le parallèle établi entre ces deux types d'apprentissage explique en partie la nécessité du détour par l'hébreu pour l'acquisition d'une langue étrangère. Pour être plus efficace, l'apprentissage de la langue seconde doit simuler autant que faire se peut celui de la langue maternelle. La comparaison des termes de la langue à apprendre avec les termes hébreux n'est pas une comparaison entre deux signes arbitraires mais entre un signe arbitraire et un signe, sinon naturel, du moins largement motivé :

le premier pere du genre humain, rempli d'une sagesse aussi extraordinaire que la demandoit la dignité dont Dieu l'avoit honoré, donna le nom à toutes les natures du monde, et les nomma sans doute avec toute la sagesse qu'on eût jamais pu souhaiter, en faisant que leurs noms fussent des indices de leur nature (*Methode*, 1690, p. 80).

Dès lors, l'hébreu n'apparaît plus seulement comme l'instrument d'une connaissance et d'une compétence linguistique plus étendues. Le savoir grammatical que propose *La Methode* du Père Thomassin est la clef d'un savoir universel, savoir des origines enfoui dans l'oubli du péché originel et que tout chrétien se doit de redécouvrir :

Les jardins, les forests, les chesnes, les fontaines, les astres, les arbres, la plûpart des animaux, et les autres natures particulieres qui composent ce monde, nous remeneront à l'Écriture, pour y apprendre dans l'origine mesme de leur nom celle de leur nature (*Methode*, 1690, p. 68-69).

On a pu, comme Pierre Clair, regretter «que le P. Thomassin se soit laissé entraîner à des études linguistiques qui nous semblent aujourd'hui parfois contestables»[6]. Pourtant, l'œuvre linguistique du Père Thomassin n'est pas dénuée d'intérêt et d'originalité : elle représente à la fin du XVIIe siècle la permanence d'un courant de réflexion sur le langage qui, de Duret à Court de Gébelin, met l'accent sur la question des origines. Et, dans ce courant, elle se particularise par le souci de tirer de cette spéculation sur les origines des applications pratiques.

[6] P. Clair, o.c., p. 152.

Pierre SWIGGERS & Frans-Jozef MERTENS
(F.N.R.S. belge)   *(K.U. Leuven)*

LA GRAMMAIRE FRANÇAISE AU XVIIe SIÈCLE
BIBLIOGRAPHIE RAISONNÉE

A. *Les sources*

1. Répertoires bibliographiques

1.1. Il existe une bibliographie spécialisée de l'histoire de la grammaire française, où les titres des grammaires parues depuis le XVe siècle jusqu'en 1799 sont énumérés successivement: c'est l'inventaire de Stengel, réédité et complété par H.-J. Niederehe.

STENGEL, Edmund. 1890. *Chronologisches Verzeichnis französischer Grammatiken vom Ende des 14. bis zum Ausgange des 18. Jahrhunderts nebst Angabe
   der bisher ermittelten Fundorte derselben.* Oppeln: E. Franck's Buchhandlung.
id.   Neu herausgegeben mit einem Anhang von Hans-Josef Niederehe.
   Amsterdam: John Benjamins, 1976
Voir les comptes rendus de Jakob WÜEST (*Vox Romanica* 37, 1978, p. 352-353) et
   de Pierre SWIGGERS (*Linguisticae Investigationes* 3, 1979, p. 192-204).

En 1890, Edmund Stengel a publié un bref article comme supplément à sa bibliographie:

STENGEL, Edmund. 1890. Anhang zum Verzeichnis französischer Grammatiken.
   Zeitschrift für neufranzösische Sprache und Literatur 12. 284-290.

1.2. On trouvera un grand nombre d'indications bibliographiques sur les grammaires françaises du XVIIe siècle publiées en France et à l'étranger dans les volumes III et IV de la thèse de doctorat de J. Mertens:

MERTENS, Jozef. 1968. *Contribution à l'étude de la terminologie grammaticale
   française. La nomenclature du verbe chez les grammairiens français du
   XVIIe siècle.* Leuven (thèse de doctorat; Philologie romane).

1.3. Les grammaires françaises du XVIIe siècle rééditées par la maison Slatkine sont décrites dans le catalogue de la première série des *Monumenta Gallicae Artis Poeticae et Grammaticae*:

SLATKINE, Michel-E. 1971. *Grammairiens et théoriciens français de la Renaissance à la fin de l'époque classique, 1521-1715.* Genève: Slatkine Reprints
   (voir p. 80-149).

1.4. On trouvera un aperçu bibliographique des principales grammaires françaises et de quelques traités théoriques publiés entre 1660 et 1699 aux pages 34-45 de l'article suivant :

PORSET, Charles. 1977. Grammatista philosophans. Les sciences du langage de Port-Royal aux Idéologues (1660-1818). Bibliographie. A. JOLY - J. STÉFANINI, *La grammaire générale. Des Modistes aux Idéologues*, 11-95. Lille : Presses universitaires.

1.5. On consultera également les bibliographies rétrospectives et courantes de la «littérature» française :

LANSON, Gustave. 1913. *Manuel bibliographique de la littérature française moderne. XVIe, XVIIe, XVIIIe et XIXe siècles*. Paris : Hachette (1921²).

GIRAUD, Jeanne. 1939. *Manuel de bibliographie littéraire pour les XVIe, XVIIe et XVIIIe siècles français (1921-1935)*. Paris : Vrin (1958²). Supplément pour les années 1936-1945 : Paris : Nizet, 1956.

CABEEN, D.C. ed. 1961. *A Critical Bibliography of French Literature. III : The XVIIth Century* (par N. EDELMAN). Syracuse : University Press.

CIORANESCU, Alexandre. 1965-1967. *Bibliographie de la littérature française du XVIIe siècle*. Paris : Éditions du C.N.R.S., 3 volumes.

Romanische Bibliographie, dans *Zeitschrift für romanische Philologie* (1877-).

RANCŒUR, René. *Bibliographie de la littérature française du Moyen Âge à nos jours*. Paris : A. Colin (1947-).

KLAPP, Otto. *Bibliographie d'histoire littéraire française*. Frankfurt-am-Main : Klostermann (1960-).

2. Bibliographie chronologique commentée

D'une information bibliographique trop peu solide et caractérisé par des prises de position très particulières, l'ouvrage suivant doit être utilisé avec précaution :

TELL, Julien. 1874. *Les grammairiens français depuis l'origine de la grammaire en France jusqu'aux dernières œuvres connues. Ouvrage servant d'introduction à l'étude générale des langues*. Paris : Didot (rééd. Genève : Slatkine, 1967). (Pour les grammaires françaises du XVIIe siècle, voir p. 31-95).

3. Les principales grammaires françaises du XVIIe siècle

La liste donnée ci-dessous ne concerne que les grammaires les plus importantes du XVIIe siècle ; afin de compléter les données de Stengel, nous mentionnerons le titre complet des grammaires et les différentes rééditions. Pour les grammaires de Claude Mauger, rédigées à l'usage des Anglais, voir l'étude de Charles P. BOUTON, *Les grammaires françaises de Claude Mauger à l'usage des Anglais (XVIIe siècle)*, p. 45-61 (Paris : Klincksieck, 1972).

1607. MAUPAS, Charles. *Grammaire Françoise, Contenant reigles tres certaines et addresse tres asseuree à la naïve connoissance & pur usage de nostre*

langue : En faveur des estrangers qui en seront desireux. Par C.M. Bl.
A Bloys. Par Philippes Cottereau, Libraire & Imprimeur du Roy,
& de la ville. M.DC.VII. Avec privilege du Roy.
In 8°, 1 f.n.n., 386 p., 1 f.n.n.

1618. MAUPAS, Charles. *Grammaire et syntaxe Françoise, Contenant*
reigles bien exactes & certaines de la prononciation, ortho-
graphe, construction & usage de nostre langue, en faveur des
estrangiers qui en sont desireux. Par Charles Maupas Bloisien.
Seconde Edition. Reveuë, corrigee & augmentee de moitié, &
en beaucoup de sortes amendee outre la precedente, par ledit
Auteur. Gallica lingua tibi est cordi? hunc perdisce libellum.
Plus petis? Autoris vox adeunda tibi est.
A Orléans, Chez Olivier Boynard, et Jean Nyon, au Cloistre
Ste. Croix 1618. Avec Privilege du Roy. In 8°, 5 f.n.n., 180
feuillets.

1623. MAUPAS, Charles. *Grammatica et syntaxis Gallica regulas acuratas*
et certas prononciationis, orthographiae, constructionis & usus
linguae nostrae, in gratiam peregrinorum eius studiosorum,
continens.
Edita Gallicè a Charolo Maupasio Blaesensi, nunc vero
primum in Latinam Linguam, a Theod. Jacob. Gen. versa.
Gallica lingua tibi est cordi? hunc perdisce libellum. Plus
petis? Authoris vox adeunda tibi est.
Lugduni, Apud Remundum de la Roviere. M.DC.XXIII.
In 8°, f.n.n., 354 p., 1 f.n.n.

1625. Troisiesme édition, revcue, corrigée et augmentée et en beaucoup de
sortes amendée par ledit Auteur.
A Bloys, par Gauché Collas, devant la grand Fontaine. 1625.
Avec privilege du roy.

1625. Seconde Edition. Reveuë, corrigee, & augmentee de moitié, & en
beaucoup de sortes amendee, outre la precedente, par ledit
Autheur.
A Paris, Chez Adrian Bacot, Imprimeur, demeurant rue des
Carmes, à l'image S. Jean. M.DC.XXV.
In 12°, 10 f.n.n., 360 p.

1625. A Paris, Chez Gilles & Antoine Robinot, au Palais, à l'entrée de la
petite Gallerie. M.DC.XXV.
In 12°, 10 f.n.n., 360 p.

1632. Troisiéme Edition. Reveuë, corrigée & augmentée de moitié, & en
beaucoup de sortes amendée, outre la precedente, par ledit
Autheur.
A Rouen, Chez Jacques Cailloué, tenant sa Boutique dans la
Court du Palais. M.DC.XXXII.
In 12°, 11 f.n.n., 360 p.

1634. *A French Grammar and Syntaxe, Contayning most Exact and*
certaine Rules, for the Pronunciation, Orthography, Construc-
tion, and Use of the French Language.

Written in French, by Ch. Maupas of Bloys. Translated into English, with many Additions and Explications, pecularly usefull to us English. Together with a Preface and an Introduction, wherein are contained divers necessary Instructions, for the better understanding of it. By W.A.

London Printed by B.A. and T.F. for Rich. Mynne, dwelling in little Britaine, at the signe of St. Paul. 1634.

In 8°, 10 f.n.n., 445 p.

1638. Dernière édition, reveue, corrigée et augmentée de la moitié par ledit Autheur. De plus a esté adjousté la grammaire latine et françoise de Garnerius.

A Rouen, chez Jacques Cailloué, dans la Court du Palais. 1638.

1632. OUDIN, Antoine. *Grammaire Françoise, rapportée au langage du temps.* Par Anthoine Oudin, Secretaire Interprete du Roy, pour les langues Allemande, Italienne & Espagnolle.

A Paris, Chez Pierre Billaine, ruë Sainct Jacques pres Sainct Yves, à la bonne Foy. M.DC.XXXII. Avec privilege du Roy.

In 8°, 5 f.n.n., 327 p., 1 p.n.n.

1633. ibid.

1636. Douai, chez la Vefve Marc Wyon.

1640. Reveuë & augmentée de beaucoup en cette seconde édition.

A Paris, Chez Antoine de Sommaville, au Palais, dans la Gallerie des Merciers, à l'Escu de France. M.DC.XXXX. Avec Privilege du Roy.

In 8°, 3 f.n.n., 320 p.

1645. Reveuë & augmentée de beaucoup en cette derniere Edition.

A Rouen, Chez Jean Berthelin, dans la court du Palais. M.DC.XLV.

In 8°, 3 f.n.n., 320 p.

1645. ibid. (édition différant de la précédente, par la mise en page et par l'orthographe).

1648. A Douay, Chez la Vefve Marc Wyon, à l'enseigne du Phoenix.

In 8°, 3 f.n.n., 288 p.

1656. A Rouen, Chez Jean & David Berthelin, ruë aux Juifs, & dans la Cour du Palais. M.DC.LVI.

In 8°, 3 f.n.n., 320 p.

1659. CHIFLET, Laurent. *Essay d'une parfaite grammaire de la langue françoise Ou le Lecteur trouvera, en bel ordre, tout ce qui est de plus necessaire, de plus curieux, & de plus elegant, en la Pureté, en l'Orthographe, & en la Prononciation de cette Langue.*

Paer (*sic*) le R.P. Laurent Chiflet de la Compagnie de Jesus.

A Anvers, Chez Jacques Van Meurs. L'an M.DC.LIX.

In 8°, 7 f.n.n., 247 p.

1664. ibid.

In 8°, 7 f.n.n., 247 p., 1 p.n.n.

1664. ibid.
    In 8°, 7 f.n.n., 247 p. (édition différant de la précédente).
1668. A Paris, Chez Pierre Maugé, Ruë des Carmes, pres Saint Hilaire.
    M.DC.LXVIII.
    In 8°, 3 f.n.n., 274 p., 3 f.n.n.
1675. Mons, chez Gaspard Migeot.
1675. Cinquiéme et derniere Edition.
    A Bruxelles, Chez Pierre Vleugart, Imprimeur, contre l'Hôtel du
    Prince de Ligne, 1675. Avec privilege du Roy.
    In 12°, 3 f.n.n., 290 p., 1 f.n.n.
1680. Sixiéme et derniere Edition.
    A Bruxelles, Chez Lambert Marchant, Libraire, au Marché aux
    Herbes. M.DC.LXXX.
    In 12°, 2 f.n.n., 295 p., 1 p. et 3 f.n.n.
1680. Sixiéme & derniere Edition.
    A Cologne, Chez Pierre Le Grand. M.DC.LXXX.
    In 12°, 2 f.n.n., 295 p., 1 p. et 3 f.n.n.
1681. A Anvers, Chez Jacques Van Meurs. L'an M.DC.LXXXI. Cum
    gratia & privilegio.
    In 8°, 7 f.n.n., 247 p.
1683. Sixiéme & derniere Edition.
    A Bruxelles, Chez Pierre Vleugart, Imprimeur, ruë d'Isabelle. 1683.
    Avec Privilege du Roy.
    In 12°, 5 f.n.n., 2 f. blancs, 367 p.
1692. Septiéme et derniere Edition.
    A Bruxelles, Chez Lambert Marchand Libraire au bon Pasteur au
    Marché aux Herbes. M.DC.XCII.
    In 12°, 2 f.n.n., 295 p., 1 p. et 3 f.n.n.
1697. Dixiéme et derniere Edition
    A Bruxelles, Chez Lambert Marchand Libraire au bon Pasteur au
    Marché aux Herbes. M.DC.XCVII.
    In 8°, 2 f.n.n., 212 p., 1 f.n.n. (La numérotation des pages est
    erronée; l'ouvrage totalise 258 pages, sans les feuillets non numé-
    rotés).

La même grammaire a été publiée sous un autre titre:

1669. *Nouvelle et parfaite grammaire françoise, Ou se voit en bel Ordre tout ce qui*
    est de plus necessaire, de plus curieux, & de plus elegant, en la Pureté, en
    l'Orthographe, & en la Prononciation de cette langue.
    Par le R.P. L. Chiflet, de la Compagnie de Jesus.
    A Paris, Chez Pierre Traboüillet, au Palais, à l'entrée de la Galerie des
    Prisonniers, à la Fortune. M.DC.LXIX.
    In 8°, 3 f.n.n., 274 p., 3 f.n.n.
    1669. A Paris, Chez Gabriel Quinet au Palais, à l'entrée de la Galerie des
        Prisonniers, à l'ange Gabriel.
        In 12°, 8 p.n.n., 274 p., 5 p.n.n.

1673. A Paris, Chez Estienne Loyson, au Palais, à l'entrée de la Galerie des Prisonniers, au Nom de Jesus. M.DC.LXXIII.
In 8°, 5 f.n.n., 290 p.

1677. A Paris, Chez Claude Audinet, ruë des Amandiers, vis-à-vis le College des Grassins, à la Vérité Royale. M.DC.LXXVII.
In 8°, 5 f.n.n., 274 p.

1680. A Paris, Chez Claude Audinet, ruë des Amandiers, à la Verité Royale, devant le College des Grassins. M.DC.LXXX.
In 8°, 5 f.n.n., 274 p.

1687. A Paris, Chez Jean Pohier.
In 12°, 8 f.n.n., 295 p.

1691. Nouvelle Edition corrigée & augmentée d'une Methode abregée de l'Ortographe.
A Paris, Chez la Veuve de Louis Gontier, sur le Quay des Augustins, à l'image Saint Loüis. M.DC.XCI.
In 8°, 5 f.n.n., 312 p.

1706. Septiéme Edition, corrigée & augmentée d'une Methode abregée de l'Ortographe, de Regles & Remarques sur toutes les Lettres de l'Alphabet.
A Paris, Chez Pierre Ribou, sur le Quay des Augustins, la descente du Pont-Neuf, à l'Image S. Loüis. M.DCC.VI. Avec privilege du Roy.
In 8°, 5 f.n.n., 333 p., 1 f.n.n.

1710. Huitiéme Edition, corrigée, & augmentée d'une Methode abregée de l'Ortographe, de Regles & Remarques sur toutes les Lettres de l'Alphabet.
A Paris, Chez Pierre Ribou, à la Descente du Pont Neuf, sur le Quay des grands Augustins, à l'image S. Loüis. M.DCC.X. Avec Approbation, & Privilege du Roy.
In 8°, 5 f.n.n., 333 p., 1 p. et 1 f. n.n.

1722. Huitiéme Edition, corrigée et augmentée d'une Methode abregée de l'Ortographe, de Regles & Remarques sur toutes les Lettres de l'Alphabet.
A Paris, Chez la Veuve de Pierre Ribou, sur le Quai des Augustins, à la descente du Pont-Neuf, à l'image S. Loüis. M.DCC.XXII. Avec privilege du Roy.
In 8°, 12 p., 1 f.n.n., 333 p.

1660. LANCELOT Claude et ARNAULD, Antoine. *Grammaire generale et raisonnée Contenant Les fondemens de l'art de parler expliquez d'une maniere claire & naturelle ; Les raisons de ce qui est commun à toutes les langues, & des principales differences qui s'y rencontrent ; Et plusieurs remarques nouvelles sur la Langue Françoise.*
A Paris, Chez Pierre le Petit, Imprimeur & Libraire ordinaire du Roy, ruë S. Iacques, à la Croix d'Or. M.DC.LX. Avec Privilege de sa Majesté.
In 8°, 147 p., 1 p. et 2 f.n.n.

1664. Seconde édition. ibid.
 In 8°, 157 p., 1 p. et 2 f.n.n.
1664. Seconde Edition reveuë & augmentée de nouveau. ibid.
 In 8°, 157 p., 1 p. et 2 f.n.n.
1676. Troisiéme Edition reveuë & augmentée de nouveau. ibid.
 In 8°, 161 p., 1 p. et 2 f.n.n.
1676. Nouvelle Edition reveuë & augmentée de nouveau.
 A Bruxelles, Chez Eug. Henry Fricx, derriere l'Hôtel de Ville, à
 l'enseigne de l'Imprimerie. M.DC.LXXVI. Avec Privilege de sa
 Majesté.
 In 8°, 134 p., 2 f.n.n.
1679. Quatrième Edition reveuë & augmentée de nouveau.
 A Paris, Chez Pierre le Petit, Imprimeur & Libraire ord. du Roy,
 ruë S. Iacques à la Croix d'Or. M.DC.LXXIX. Avec Privilege de sa
 Majesté.
 In 8°, 160 p., 3 f.n.n.
1702. Amsterdam, chez Estienne Roger.
 In 12°, 163 p.
1703. Amsterdam.
1709. Cinquième Edition revûë, & augmentée de nouveau.
 A Paris, Chez Jean de Nully, ruë S. Jacques, à l'image S. Pierre.
 M.DCC.IX. Avec Privilege de sa Majesté.
 In 8°, 160 p., 4 f n.n.
1746. Grammaire générale et raisonnée. Ouvrage de l'Invention du
 Grand Arnaud. Nouvelle édition par J.J. Meynier.
 Erlangen.
1754. Paris.
1758. Nouvelle édition.
 A Paris, Chez Desprez, Imprimeur ordinaire du Roi & du Clergé de
 France, rue saint Jacques, à S. Prosper & aux trois Vertus.
 M.DCCLVIII. Avec Approbation, & Privilege du Roi.
 In 8°, 4 f.n.n., 224 p., 2 f.n.n.
 La *Grammaire* est suivie de:
 Réflexions sur les fondemens de l'art de parler, Pour servir
 d'éclaircissemens & de Supplément à la Grammaire générale et
 raisonnée, Recueillies Des Auteurs qui ont le mieux approfondi la
 Science Grammaticale. Par M. L'Abbé Fromant, Chanoine de
 Notre-Dame & Principal du Collége de Vernon.
 A Paris, Chez Desprez, Imprimeur ordinaire du Roi & du Clergé de
 France, rue saint Jacques, à S. Prosper & aux trois Vertus.
 M.DCCLVIII. Avec Approbation, & Privilege du Roi.
 In 8°, XLVIII, 291 p.
1762. Berlin, 2 volumes.
1768. Troisième édition.
 A Paris, Chez Prault Pere, Quai de Gêvres. M.DCC.LXVIII.
 Avec Approbation & Privilége du Roi.

Deux parties en 1 vol., in 12°, 4 f.n.n., 244 p., 2 f.n.n.; 414 p.,
2 f.n.n.

1769. Troisième édition.
A Paris, Chez Bailly, Libraire, Quai des Augustins, à
l'Occasion. M.DCC.LXIX. Avec Approbation & Privilége
du Roi.
Deux parties en 1 vol., in 12°, 4 f.n.n., 244 p., 2 f.n.n.; 414 p.,
2 f.n.n.

1769. Troisième édition.
A Paris, Chez Delalain, Libraire, rue de la Comédie
Françoise. M.DCC.LXIX. Avec Approbation & Privilége
du Roi.
Deux parties en 1 vol., in 12°, 4 f.n.n., 244 p., 2 f.n.n.; XVI p.,
p. 245-414.

1780. Quatrième édition.
A Paris, Chez Durand neveu, Libraire, rue Galande, à la
Sagesse. M.DCC.LXXX. Avec Approbation & Privilége du
Roi.
In 12°, XVI p., 654 p.

1803. *Grammaire générale et raisonnée de Port-Royal, Par Arnauld et
Lancelot; Précédée d'un Essai sur l'origine et les progrès de la
Langue françoise, par M. Petitot, Et suivie du Commentaire de
M. Duclos, auquel on a ajouté des Notes.*
De l'imprimerie de Munier. A Paris, Chez Perlet, rue de Tournon,
n° 1133. AN XI.-1803.
In 8°, 1 f.n.n., 470 p., 1 f.n.n.

1809. Seconde édition.
Paris, 1809, in 8°, 464 p.

1810. Seconde édition.
A Paris, Chez Bossange et Masson, Libraires de S.A.I. et
R. Madame Mère, rue de Tournon, n° 6. 1810.
In 8°, 1 f.n.n., 464 p.

1845. *Grammaire générale et raisonnée de Port-Royal, collationnée sur la
meilleure édition générale, 1676. Avec: 1. Une notice biographique
sur les deux auteurs, Arnauld et Lancelot; 2. La partie de la Logique
de Port-Royal qui traite des propositions; 3. Les remarques de
Duclos; 4. Le supplément à la grammaire, par l'abbé Fromant.*
Paris, 1845, in 12°, XII-408 p.

1846. *Grammaire générale et raisonnée de Port-Royal, suivie de la partie de
la Logique de Port-Royal qui traite des propositions, des remarques
de Duclos, de l'Académie française, du supplément à la Grammaire
générale de Port-Royal, par l'abbé Fromant, et publiée sur la
meilleure édition originale, avec une introduction historique par
M. A. Bailly.*
Paris, 1846, in 8°, XXII-408 p.

1681. VAIRASSE D'ALLAIS, Denis. *Grammaire methodique contenant en abregé les
principes de cet art Et les Regles les plus necessaires de la Langue
Françoise dans un ordre clair & naturel, Avec de nouvelles observa-*

tions & des caracteres nouveaux pour en faciliter la prononciation,
sans rien changer d'essentiel dans l'orthographe ni dans l'étymologie
des mots. Ouvrage fort utile à toute sorte de gens, & composé pour
l'instruction particuliere de Son Altesse Royale Monseigneur le Duc
de Chartres.
A Paris, Chez l'Auteur le Sʳ D. V. d'Allais, au bas de la ruë du Four,
proche du petit Marché, Faubourg Saint Germain, M.DC.LXXXI.
Avec privilege du Roy.
In 12°, 9 f.n.n., 498 p.

1702. *Grammaire raisonnée et méthodique, contenant en abregé les*
Principes de cet art et les Regles plus necessaires de la langue
françoise.
Paris, Denis Mariette, 1702.

1689. Dᴇs Pᴇᴘʟɪᴇʀs, Jean-Robert. *Grammaire royale françoise & allemande*
contenant une Methode nouvelle & facile pour apprendre en peu de
temps la langue françoise, Avec une Nomenclature, des Dialogues
nouveaux, Bouquet des Sentences, des Lettres & billets galants
de ce temps, ecrite par Mr. Jean Robert des Pêpliers, Informateur
de Monseign. le Duc de Bourgogne. Königliche Frantzòsch- und
Teutsche Grammatic, Welche Eine leichte und richtige Art die
Frantzòsche Sprache in kurzer Zeit zu erlernen und gründlich
zubegreiffen zeiget / Nebst einem Wòrter-Buch / auch heut zu Tag
ùblichen Frantzòsch- und Teutschen Gesprächen / auszerlesenen
Sentenzen / anmuthigen und nach dieser Zeit Redens-Arten zierlich
gesetzten Briefen / dargestellt von Herrn des Pêpliers, des Hertzogs
von Burgund Hofmeister und Informator der Frantzòsch- und teut-
schen Sprache.
Berlin, Johann Vòlckern, in 8°, 6 f.n.n., 360 p., 4 l.n.n.

1696. *Essay d'une parfaite grammaire royale françoise, Das ist: Voll-*
kommene Königliche Frantzòsische Grammatica, Mit neuen und sehr
nùtzlichen Regeln vermehret: Nebst einem schönen Wòrter-Buch /
16. heut zu Tage ùblichen Gesprächen / Auszug der nòhtigsten
Redens-Arten / auserlesenen Sentencen / 232. artigen Historien und
sinnreichen Reden / so aus denen neusten und klùgsten Frantzòsischen
Scribenten zusammen getragen / wie auch anmuhtigen und nach der
Zierlichkeit unserer Zeiten wolgesetzten Brieffen und Titular /
Verfasset von Herrn Des Pepliers, Der Academie Mitgliede.
Editio quarta auctior & correctior. Cum gratia & Privilegio Seren.
Elect. Sax. & Band.
Berlin, Rupert Vòlcker, 6 parties en 1 vol., in 8°, 6 f.n.n., 102 p.,
288 p., 96 p., 80 p., 88 p., 108 p. et 16 p.

1699. ibid.

1702. *La parfaite Grammaire Royale Françoise & Allemande, ... Der*
Siebente Druck, Berlin und Frankfurt an der Oder, Joh. Völcker,
6 parties en 1 vol., 120 p., 272 p., 96 p., 80 p., 88 p., 40 p.

Rééditions à Berlin en: 1702, 1703, 1712, 1713, 1716, 1718, 1719, 1724,
1729, 1731, 1732, 1733, 1736, 1739, 1742, 1743, 1744, 1746, 1749,
1750, 1753, 1754, 1756, 1758, 1759, 1762, 1771, 1773, 1781, 1785.

Rééditions à Leipzig: 1713, 1715, 1716, 1717, 1722, 1723, 1724, 1725, 1728, 1732, 1733, 1735, 1736, 1737, 1741, 1746, 1747, 1749, 1753, 1759, 1760, 1761, 1763, 1765, 1767, 1780, 1794, 1799.
Rééditions à Vienne: 1777, 1782, 1803.
Traductions en danois (1748, 1759), en néerlandais (1777, 1789), en russe (1780), en suédois (1742, 1750, 1769, 1783, 1790, 1796, 1811).

1696. LA TOUCHE, Pierre de —. *L'art de bien parler françois, qui comprend tout ce qui regarde la Grammaire & les façons de parler douteuses. Divisé en deux Volumes. Tome premier.*
A Amsterdam, Chez Henri Desbordes, dans le Kalverstraat, près le Dam. M.DC.XCVI.
2 volumes in 12°, 11 f.n.n., 283 p., 1 p. et 2 f.n.n.; 3 f.n.n., 424 p.

1710. *L'art de bien parler françois, qui comprend tout ce qui regarde la Grammaire & les façons de parler douteuses.* Nouvelle édition, Reveue exactement sur la Grammaire de Mr. l'Abbé Regnier Desmarais, sur le Dictionnaire de l'Academie Françoise, & sur plusieurs Remarques nouvelles, & augmentée de près d'une quatrième Partie.
A Amsterdam, Chez R. et G. Wetstein. MDCCX.
2 volumes in 12°, 305 p., 1 p. et 3 f.n.n.; 3 f.n.n., 552 p.

1720. Nouvelle édition.
A Amsterdam, Chez R. et G. Wetstein, 2 volumes in 8°, 375 p.; 628 p.

1730. Quatriéme édition, Revue exactement sur la Grammaire de Mr. l'Abbé Regnier Desmarais, sur le Dictionnaire de l'Académie Françoise, & sur plusieurs Remarques nouvelles, & augmentée de plusieurs Articles importans qui ne se trouvent point dans les éditions précédentes.
A Amsterdam, Chez les Wetsteins & Smith. MDCXXX (*sic* pro MDCCXXX).
2 volumes in 12°, 18 f.n.n., 353 p., 1 p. et 3 f.n.n.; 3 f.n.n., 628 p.

1737. Cinquième édition.

1747. Sixième édition.
A Amsterdam et à Leipzig, Chez Arkstée & Merkus. MDCCXLVII.
2 volumes in 12°, 18 f.n.n., 353 p., 1 p. et 3 f.n.n.; 3 f.n.n., 628 p.

1760. Septième édition.
ibid., 2 volumes in 12°, 18 f.n.n., 353 p., 1 p. et 3 f.n.n.; viij, 620 p.

1762. Leipzig, Fritsch.

1772. Leipzig und Franckfurt, C. Felseckerische Buchhandlung.

B. *Études*

1. La grammaire française et l'histoire de la langue

L'ouvrage de référence est la synthèse magistrale de Ferdinand Brunot:

BRUNOT, Ferdinand. *Histoire de la langue française des origines à nos jours.*

Tome III: *La formation de la langue classique (1600-1660)*. Première partie, Paris: A. Colin, 1909. Deuxième partie, Paris: A. Colin, 1911. Tome IV: *La langue classique (1660-1715)*. Première partie, Paris, A. Colin, 1913. Deuxième partie, Paris: A. Colin, 1922. Tome V: *Le français en France et hors de France au XVIIe siècle*. Paris: A. Colin, 1917. (réédition intégrale: Paris: A. Colin, 1966-).

Pour un aperçu très général, voir:

FRANÇOIS, Alexis. 1959. *Histoire de la langue française cultivée des origines à nos jours*. Genève: A. Jullien, 2 volumes (pour le XVIIe siècle, voir vol. I, p. 231-402).

2. La grammaire française au XVIIe siècle: contenu et méthode

Pour une bibliographie des études consacrées à la grammaire française du XVIIe siècle, voir l'article de Porset (cité sous A.1.4) et l'état de la question établi par H. E. Brekle:

BREKLE, Herbert E. 1975. «The Seventeenth Century». Th. A. SEBEOK gen. ed. *Current Trends in Linguistics*, vol. 13: *Historiography of Linguistics*, 277-382 (bibl. 350-382). The Hague: Mouton (cf. les additions dans *Semiotica* 31, 1980, 114-115).

Il n'existe pas d'étude autonome sur la grammaire française du XVIIe siècle. On trouvera une étude de la partie morpho-syntaxique dans les principales grammaires du XVIIe siècle chez

CHEVALIER, Jean-Claude. 1968. *Histoire de la syntaxe. Naissance de la notion de complément dans la grammaire française (1530-1750)*. Genève: Droz (p. 420-589).

L'étude de Chevalier a largement remplacé celles de

BREITINGER, H. 1867. *Zur Geschichte der französischen Grammatik (1530-1647)*. Frauenfeld: s. nom d'éditeur.

LOISEAU, Arthur. 1875. *Histoire des progrès de la grammaire en France, depuis l'époque de la Renaissance jusqu'à nos jours*. Paris: Thorin.

BENOIST, Antoine. 1877. *De la syntaxe française entre Palsgrave et Vaugelas*. Paris: Thorin.

L'étude de Minckwitz est consacrée au purisme dans la grammaire française du XVIIe siècle:

MINCKWITZ, M. J. 1897. «Beiträge zur Geschichte der französischen Grammatik im siebzehnten Jahrhundert. I. Der Purismus bei Uebersetzern, Lexikographen, Grammatikern. II. Gilles Ménage und seine *Observations sur la lungue française*». *Zeitschrift für französische Sprache und Literatur* 19. 81-191.

En ce qui concerne le développement théorique de la grammaire à l'âge classique, on devra consulter l'étude parfois très imprécise de Harnois:

HARNOIS, Guy. 1928. *Les théories du langage en France de 1660 à 1821*. Paris: Les Belles Lettres.

Les fondements de la grammaire française du XVIIᵉ siècle sont ceux de la grammaire latine renaissanciste, dont Padley a fourni une analyse pénétrante:

PADLEY, Arthur G. 1976. *Grammatical Theory in Western Europe 1500-1700. The Latin Tradition*. Cambridge: University Press.

Pour la description du verbe et de ses accidents dans les grammaires françaises du XVIIᵉ siècle, voir la thèse de J. Mertens (citée sous A.1.2). Les conceptions des grammairiens français du XVIIᵉ siècle à propos de la voix pronominale ont été analysées dans le premier chapitre de l'étude de Stéfanini:

STÉFANINI, Jean. 1969. *La voix pronominale en ancien et en moyen français*. Aix-en-Provence: Ophrys.

Pour une documentation sur l'histoire du métalangage grammatical, on devra se reporter aux articles de Yvon:

YVON, Henri. 1904. «Étude de notre vocabulaire grammatical. Le mot 'indéfini'». *Revue de philologie française et de littérature* 18. 46-67.
YVON, Henri. 1946. «Étude sur notre vocabulaire grammatical. Le mot *conditionnel*». *Études romanes dédiées à Mario Roques*, 149-168. Paris: Droz.
YVON, Henri. 1953-54. «Étude de notre vocabulaire grammatical. Nomenclature des «tiroirs» de l'indicatif». *Le français moderne* 21. 247-262; 22. 11-28.
YVON, Henri. 1955-56. «Étude de notre vocabulaire grammatical. La notion d'article chez nos grammairiens». *Le français moderne* 23. 241-255; 24. 1-13.
YVON, Henri. 1958. «Supposition, subjonctif et conditionnel». *Le français moderne* 26. 161-183.

3. La pédagogie grammaticale au XVIIᵉ siècle

Sur l'enseignement du français à l'étranger, voir les synthèses de Lambley et de Riemens:

LAMBLEY, Kathleen. 1920. *The Teaching and Cultivation of the French Language in England during Tudor and Stuart Times, with an introductory chapter on the preceding period*. Manchester: University Press.
RIEMENS, K.-J. 1919. *Esquisse historique de l'enseignement du français en Hollande du XVIᵉ au XIXᵉ siècle*. Leiden: A.W. Sijthoff.

Pour la situation en France, on dispose d'une étude globale, par G. Snyders, et d'un article d'orientation par J.-C. Chevalier (à côté des nombreux renseignements qu'on pourra trouver dans l'*Histoire de la langue française* de Ferdinand Brunot):

SNYDERS, Georges. 1965. *La pédagogie en France aux XVIIᵉ et XVIIIᵉ siècles.* Paris: P.U.F.

CHEVALIER, Jean-Claude. 1967. «La *Grammaire générale* de Port-Royal et la critique moderne». *Langages* 7. 16-33.

Pour la pédagogie des Port-Royalistes, voir:

CADET, F. 1887. *L'éducation à Port-Royal.* Paris: Hachette.

CARRÉ I. 1887. *Les pédagogues de Port-Royal.* Paris: Delagrave.

4. Orthographe et prononciation au XVIIᵉ siècle

En attendant la publication de travaux de synthèse sur l'orthographe française au XVIIᵉ siècle, par l'équipe de Nina Catach, on devra recourir à quelques synthèses anciennes. Pour l'orthographe, on dispose des études de Didot et de Beaulieux:

DIDOT, Ambroise-Firmin. 1868. *Observations sur l'orthographe ou ortografie française, suivies d'une histoire de la réforme orthographique depuis le XVᵉ siècle jusqu'à nos jours.* Deuxième édition, revue et considérablement augmentée. Paris: Typographie A.-F. Didot.

BEAULIEUX, Charles. 1927. *Histoire de l'orthographe française.* Paris: Champion (2 volumes).

Pour la phonétique dans les grammaires françaises du XVIIᵉ siècle, on devra consulter les études de Thurot et de Millet:

THUROT, Charles. 1881. *De la prononciation française depuis le commencement du XVIᵉ siècle, d'après les témoignages des grammairiens.* Paris: Imprimerie Nationale (2 tomes).

MILLET, Adrien. 1933. *Les grammairiens et la phonétique, ou l'enseignement des sons du français depuis le XVIᵉ siècle à nos jours.* Paris: Monnier.

On devra également recourir aux études de phonétique diachronique:

ROSSET, Théodore. 1911. *Les origines de la prononciation moderne étudiées au XVIIᵉ siècle.* Paris: A. Colin.

FOUCHÉ, Pierre. 1952-1961. *Phonétique historique du français.* Paris: Klincksieck (3 volumes).

5. Grammaire et philosophie au XVIIᵉ siècle

Les liens entre la grammaire et la philosophie à l'âge classique ont fait l'objet de deux analyses passionnantes, dont la documentation linguistique n'est pas toujours rigoureuse:

FOUCAULT, Michel. 1966. *Les mots et les choses. Une archéologie des sciences humaines.* Paris: Gallimard.

ROBINET, André. 1978. *Le langage à l'âge classique.* Paris: Klincksieck.

C'est ici qu'il faut placer également la controverse provoquée par le livre de Chomsky:

CHOMSKY, Noam. 1966. *Cartesian Linguistics. A chapter in the history of rationalist thought*. New York-London: Harper & Row (traduction française: *La linguistique cartésienne*, Paris: Le Seuil, 1969).

On trouvera une bibliographie pratiquement complète sur la controverse dans l'article de Porset (cité sous A.1.4), p. 41-43, auquel on ajoutera les additions bibliographiques fournies par Marc Dominicy (*Dix-huitième siècle*, 11, 1979, 431-436) et un article de synthèse par Joly:

JOLY, André. 1977. «La linguistique cartésienne: Une erreur mémorable». A. JOLY - J. STÉFANINI éds, *La grammaire générale. Des Modistes aux Idéologues*, 165-199. Lille: Presses universitaires.

6. Études sur les principaux grammairiens français du XVIIe siècle

Nous donnons ici, dans l'ordre chronologique des auteurs étudiés, une liste des travaux qui concernent leurs conceptions grammaticales:

Maupas et Oudin:

WINKLER, Emile. 1912. *La doctrine grammaticale française d'après Maupas et Oudin* (Beihefte zur *Zeitschrift für romanische Philologie*, 38). Halle: M. Niemeyer.

Chiflet:

HANSE, Joseph. 1962. «La contribution belge à la définition du 'Bon Usage'». *Cahiers de l'Association internationale des Études françaises* 14. 25-37.

SWIGGERS, Pierre. 1982. «Le pronom relatif chez Chiflet». *Le français moderne* 50. 140-143.

Port-Royal:

On se reportera en premier lieu à la synthèse de DONZÉ, Roland. 1967. *La Grammaire générale et raisonnée de Port-Royal. Contribution à l'histoire des idées grammaticales en France*. Bern: Francke (1971[2]).

Pour une bibliographie des articles et des études consacrés (exclusivement ou partiellement) à la Grammaire de Port-Royal, voir l'article de Porset (cité sous A.1.4), 35-37 et 41-43. Pour des additions, voir les notes bibliographiques dans P. SWIGGERS, «La théorie du verbe dans la Grammaire de Port-Royal» (*Zeitschrift für französische Sprache und Literatur* 91, 1981, 357-362), «La théorie du nom et de l'adjectif dans la Grammaire et la Logique de Port-Royal» (*Le français moderne* 49, 1981, 234-242) et «La théorie du signe à Port-Royal» (*Semiotica* 35, 1981, 267-285).

Pour tous ces auteurs, on recourra bien sûr aussi aux travaux mentionnés ci-dessus (B.1.2).

Il faut également mentionner les études consacrées aux auteurs de manuels de rhétorique ou de recueils d'observations qui revêtent une importance linguistique.

Lamy:

FRANÇOIS, Alexis. 1939. «Précurseurs français de la grammaire «affective». *Mélanges de linguistique offerts à Charles Bally*, 369-377. Genève: Georg et Cⁱᵉ.

RODIS-LEWIS, Geneviève. 1968. «Un théoricien du langage au XVIIᵉ siècle: Bernard Lamy». *Le français moderne* 36. 19-50.

Alemand et Andry de Boisregard:

STERNISCHA, H. 1913. *Deux grammairiens français de la fin du XVIIᵉ siècle, Louis Augustin Alemand et Andry de Boisregard*. Paris: A. Colin.

Une place spéciale doit être faite aux *Remarques* de Vaugelas, dont il existe une édition moderne:

1647. *Remarques sur la langue françoise*. Facsimilé de l'édition originale publié sous le patronage de la Société des textes français. Introduction, bibliographie, index par Jeanne Streicher. Paris: Droz, 1934 (réimpr. Genève: Slatkine, 1970).

Sur les *Remarques* de Vaugelas, voir les études suivantes:

MONCOURT, E. 1851. *De la méthode grammaticale de Vaugelas*. Paris: Vve Joubert (réimpr. Genève: Slatkine, 1971).

OTT, Karl-August. 1947. *Die Sprachhaltung des 17. Jahrhunderts in den « Remarques sur la langue françoise» von Claude Favre de Vaugelas*. Heidelberg (dissertation doctorale).

WEINRICH, Harald. 1960. «Vaugelas und die Lehre vom guten Sprachgebrauch». *Zeitschrift für romanische Philologie* 76. 1-33.

JODOGNE, Omer. 1962. «Sur la doctrine de Vaugelas». *Vie et Langage*, octobre 1962, 516-522; décembre 1962, 664-669.

OTT, Karl-August. 1962. «La notion de 'Bon usage' dans les *Remarques* de Vaugelas». *Cahiers de l'Association internationale des Études françaises* 14. 79-94.

BLOCHWITZ, Werner. 1968. «Vaugelas' Leistung für die französische Sprache». *Beiträge zur romanischen Philologie* 7. 101-130.

AL, Bernard. 1977. *Normatieve taalkunde*. Muiderberg: D. Coutinho.

Pour les commentaires sur les *Remarques* de Vaugelas, voir le recueil édité par J. Streicher:

Commentaires sur les Remarques de Vaugelas, par La Mothe Le Vayer, Scipion Dupleix, Ménage, Bouhours, Conrart, Chapelain, Patru, Thomas Corneille, Cassagne, Andry de Boisregard et l'Académie française, publiés avec une introduction par Jeanne Streicher. Paris: Droz, 1936 (2 volumes; réimpr. Genève: Slatkine, 1970).

7. La grammaire française du XVIIᵉ siècle dans l'histoire de la linguistique

Nous ne mentionnons ici que ces histoires de la linguistique qui accordent une place suffisamment large à la grammaire française du XVIIᵉ siècle:

ARENS, Hans. 1969² (1955¹). *Sprachwissenschaft. Der Gang ihrer Entwicklung von der Antike bis zur Gegenwart*. Freiburg-München: K. Alber, p. 80-106.

MOUNIN, Georges. 1974³ (1967¹). *Histoire de la linguistique. Des origines au XXᵉ siècle*. Paris: P.U.F., p. 128-145.

ROBINS, Robert Henry. 1979² (1967¹). *A Short History of Linguistics*. London: Longman, p. 111-128 (trad. française: *Brève histoire de la linguistique, de Platon à Chomsky*, Paris: Le Seuil, 1976, p. 117-137).

AMIROVA, T. A. - B. A. OL'CHOVIKOV - J. V. ROŽDESTVENSKIJ. 1980. *Abriss der Geschichte der Linguistik* (trad. all. par B. Meier). Leipzig: VEB Biblio-graphisches Institut, p. 164-224 (*passim*).

On consultera également l'ouvrage suivant, qui se situe à mi-chemin entre les histoires de la grammaire française (voir les ouvrages mentionnés sous B 2) et les histoires de la linguistique:

KUKENHEIM, Louis. 1962. *Esquisse historique de la linguistique française et de ses rapports avec la linguistique générale*. Leiden: Universitaire pers (p. 23-30).

Finalement, on trouvera des renseignements utiles dans les deux ouvrages suivants, qui sont consacrés à des aspects particuliers de l'histoire de la linguistique et qui prennent en compte la grammaire française du XVIIᵉ siècle:

SCAGLIONE, Aldo. 1972. *The Classical Theory of Composition from its Origins to the Present. A historical survey*. Chapel Hill: University of North Carolina Press.

DROIXHE, Daniel. 1978. *La linguistique et l'appel de l'histoire (1600-1800). Rationalisme et révolutions positivistes*. Genève: Droz.

ORIENTALISTE, P.B. 41, B-3000 Leuven